Wilhelm Imkamp

Sei kein Spießer, sei katholisch!

WILHELM IMKAMP

SEI KEIN SPIESSER,
SEI KATHOLISCH!

Kösel

MIX
Papier aus verantwortungsvollen Quellen
FSC® C014496

Verlagsgruppe Random House FSC® N001967
Das für dieses Buch verwendete FSC®-zertifizierte Papier
Munken Premium Cream liefert Arctic Paper Munkedals AB, Schweden.

Umschlag: Weiss Werkstatt München
Umschlagmotiv: shutterstock/Paul Maguire
Druck und Bindung: GGP Media GmbH, Pößneck
Printed in Germany
ISBN 978-3-466-37071-9

www.koesel.de

IN DANKBARER ERINNERUNG

FRAU JOHANNA RIST

(1920–2011)

GEWIDMET

INHALT

VORWORT VON KAI DIEKMANN

Es war kurz vor Ostern und kurz vor Frühlingsbeginn, als 115 Kardinäle in Rom einen aus ihrer Mitte zum neuen Papst kürten. Einen »vom anderen Ende der Welt«, wie Franziskus sich auf dem Petersplatz freundlich vorstellte.

Einen neuen Frühling – das wünschen sich viele Gläubige auch für die Kirche Roms. Mag sie in anderen Kontinenten weiter wachsen und blühen (1,2 Milliarden Zugehörige): Ausgerechnet dort, wo sie entstanden ist, wo sich der Glaube an Jesus Christus zuerst ausgebreitet hat, steckt sie in einer Dürrephase. Selbst tief reichende Wurzeln, heißt es, sind dabei zu erfrieren.

Der Beruf des Priesters wird meist mit dem des Hirten verglichen. Mir kam bei der Lektüre des vorliegenden Buchs von Prälat Imkamp ein ganz anderer Beruf in den Sinn: der des Gärtners, der trotz aller Klima-Schwankungen nie aufhört zu säen, zu wässern, das Unkraut zu jäten und manche Triebe zurückzuschneiden. Der vielleicht auch mal einen Zaun oder ein »Betreten verboten«-Schild aufstellt, wenn er seine wertvollsten Pflanzen vor botanischen Ignoranten schützen möchte oder muss.

Von Papst Benedikt XVI. stammt das bewegende Zitat: »Lassen wir uns den Glauben nicht zertrampeln.« Daran musste ich denken, als ich die leidenschaftlichen Analysen und Attacken des Autors las: gegen »das Blitzeis des Zeitgeistes«, bei dem nur »Streusalz des Glaubens« hilft. Gegen »geistliche Arroganz« und pseudotolerante »Spießer«. Gegen kirchliche »Betroffenheitslyrik und Empörungsrhetorik«, die sich aus »emotionaler Inkontinenz« speist.

Nur beim »Feindbild« Alice Schwarzer bekam ich ernsthaft Zweifel – wurde mir doch vor Kurzem glaubhaft zugetragen, dass Kölns Kardinal Joachim Meisner Kontakt und Austausch mit ihr pflegt. Und der steht bekanntlich nicht im Verdacht eines »Erzfeministen« …

»Wir müssen nicht glauben, wir dürfen glauben.« Dieses Credo von Prälat Imkamp erscheint mir besonders wichtig. Weil es den angeblich »modernen«, in Wahrheit nur noch verdrucksten Religionsunterricht in Deutschland entkrampfen könnte. Wenn Schüler dort, wie der Autor kritisiert, »zwar alles über den Umweltschutz und den Weltfrieden« erfahren, »aber nichts mehr über das Geheimnis des Eucharistie«, erklärt sich ein Teil der Kirchenkrise von selbst.

Ich denke, dass wir gerade einen Wendepunkt erleben, was das (Des-)Interesse junger Generationen an der Kirche betrifft. Das zeigen etwa die Rekord-Klickzahlen während unserer XXL-Berichterstattung über den »Papst-Wechsel« im Internet, zu der wir uns ganz bewusst entschieden haben. Die Kirche weiß um ihre Chance, wenn es ihr gelingt, die vielen Sinnsucher unserer Zeit neu anzusprechen.

Mit Recht weist der Autor dieses Buches darauf hin, dass Krisen »keine irreparablen Schäden« sind. »In der antiken Medizin bezeichnet *Crisis* den entscheidenden Wendepunkt einer Krankheit, der sich Tage hinziehen kann – zum Besseren oder zum Schlechteren«, schreibt Imkamp.

Die Weinerlichkeit gewisser Kirchenkreise war ohnehin nie die Sache von Papst Benedikt XVI. Noch am Wochenende vor seinem aus Altersgründen erklärten Rücktritt stärkte er 200 junge Priesterseminaristen in ihrem Optimismus: »Christsein heißt vor allem, dass wir die Zukunft haben: Die Zukunft gehört uns, es ist die Zukunft Gottes.« Und weiter sagte der Papst aus Bayern: »Der Baum der Kirche stirbt nicht ab, er wächst immer wieder neu.«

Wenn dieses Buch ein wenig dazu beitragen kann, hat es seinen Zweck erfüllt.

BETEN STATT DEBATTIEREN – HÖCHSTE ZEIT ZUR NEUEVANGELISIERUNG

»Wir sind dahin gelangt, dass das Christentum die einzige Religion ist, welche Christen nicht studieren«, schrieb Gilbert Keith Chesterton nach seiner Konversion zum Katholizismus.[1] Tatsächlich gewinnt man in der aktuellen Diskussion über die Religion den Eindruck, dass alle möglichen Religionsarten und -abarten mehr Interesse finden als das Christentum. Während die Faktenkenntnisse über den christlichen Glauben in den letzten fünfzig Jahren zumindest nicht gewachsen sind, weiß der Durchschnittsschüler heute sicher mehr über den Islam als vor fünfzig Jahren. Benedikt XVI. hatte also gute Gründe, die Katholiken zur Neuevangelisierung zu ermutigen. Höchste Zeit vor allem für die Gläubigen im christlichen Abendland, zu beten statt zu debattieren und sich der christlichen Tradition Europas wieder bewusst zu werden.

Welche Vorbilder taugen für die Kirche in der Welt von heute? In der Geschichte der Kirche scheinen die wahrhaft erfolgreichen Reformer die Heiligen zu sein, so die Auffassung des Münsteraner Philosophen Josef Pieper (1904–1997). In ihnen sah er »Menschen, in denen sich leidenschaftliche Kritik am Faktischen verknüpft mit einer völlig selbstlosen Einfügung in die hierarchische Ordnung der Kirche als Institution«[2]. Auch heute führt der Weg der echten Nachfolge noch zur kritischen Sicht auf die Wirklichkeit – verbunden mit dem Gehorsam gegenüber der kirchlichen Hierarchie. Nur den Heiligen kann es gelingen, Spannungen durchzutragen, indem sie sie durchbeten. Beispiele dafür gibt es genug: Der heilige Johannes vom Kreuz (1542–1591) ist von seinen Mitbrüdern in den Klosterkerker geworfen worden. Auch den heiligen Ignatius von Loyola (1491–1556) behandelten die kirchlichen Behörden in seiner spanischen Heimat nicht gerade sanft, in Rom übrigens auch nicht. Beide haben Durststrecken ihres Lebens mit der Kirche bewältigt, und bei beiden hat diese Haltung zu einer höheren Stufe der Heiligkeit geführt. Heiligkeit paart sich in der Regel mit Widerstand gegen den Zeitgeist und den kirchlichen Mainstream. Papst Pius XI. unterstreicht das 1923 in seiner Enzyklika *Rerum omnium* über den heiligen Franz von Sales (1567–1622): »Auch ist Franz von Sales wohl der Kirche auf besonderen Ratschluss Gottes hin geschenkt worden, damit er durch sein Lebenswerk und seine Befähigung zur Unterweisung anderer mit jener Meinung aufräume, die sich zu seiner Zeit bereits eingebürgert hatte und die auch heute nicht an Kraft verloren hat: dass eine Heiligkeit im eigentlichen Sinn des Wortes, wie sie die katholische Kirche lehrt, entweder überhaupt nicht oder zumindest nur so beschwerlich zu erreichen sei, dass sie für sehr viele Gläubige überhaupt nicht infrage komme, sondern nur für wenige passe, und zwar Menschen von tatkräftiger und hochherziger Gesinnung. Außerdem sei das Streben nach Heiligkeit mit so vielen Schwierigkeiten und Belastungen verbunden, dass es für außerhalb eines Klosters lebende Männer und Frauen keinesfalls geeignet sei.«[3]

Der Weg des Gehorsams, das Opfer des eigenen Willens, kann für alle Gläubigen der Weg der Nachfolge sein. Allerdings ist er nicht zu verwechseln mit der zwangseuphorischen Leugnung einer tristen Realität. Das wäre genau der falsche Weg. Will die Kirche die Glaubenskrise meistern, ohne einer Reformhysterie zu verfallen, muss sie sich der Krise ehrlich stellen. Krisen sind keine irreparablen Schäden. In der antiken Medizin bezeichnet *Crisis* den entscheidenden Wendepunkt einer Krankheit, der sich Tage hinziehen kann – zum Besseren oder zum Schlechteren.

Im Johannesevangelium bedeutet Krise dann schon das einerseits zukünftige, aber andererseits auch schon gegenwärtige Gericht Gottes. Tatsächlich gibt es eine »Krisen-Hysterie«, wenn alles als Krise bezeichnet wird. Das Wort Krise sollten wir nicht inflationär verwenden. Wer lernt, die Gegenwart auf die Zukunft des göttlichen Gerichts über das menschliche Leben hin zu interpretieren, lernt gleichzeitig, mit Krisen umzugehen. Leben ohne Krisen gibt es kaum. Alle Heiligen sind auch durch Krisenerfahrungen heilig geworden. Die dunkeldumpfe Erfahrung der Trostlosigkeit ist eine Krise, die alle großen Mystiker ertragen und in der Hoffnung auf Gottes Barmherzigkeit auch durchgetragen haben. Krisen sind Zeiten der Entscheidung. Die Krisenerfahrung der eigenen Grenzen kann zu entscheidenden Begegnungen mit Gott führen. Entscheidung erfordert Unterscheidung – und zwar in erster Linie die Unterscheidung der Geister. Krisen sind aber auch immer ein Appell an die schöpferische Kreativität des Menschen, für den Einzelnen aber gleichzeitig oft mit dem Gefühl verbunden, Verhältnissen ausgesetzt zu sein, auf die der Mensch selbst keinen Einfluss nehmen kann. Darum muss jedwede Krisenbewältigung mit dem Gebet beginnen.

Die beste Krisenbewältigung ist die Teilnahme am heiligen Messopfer. In der Messe schenkt sich Gott selbst den Gläubigen in Brotsgestalt. Daran zu glauben fällt vielen schwer. Manche Menschen neigen heute eher dazu, vollkommen apersonale Formen der Religiosität zu übernehmen: das »Nichts« als Ziel der Sehnsucht. Vielleicht steht uns heute häufiger eine geistliche Arroganz im Weg, die frühere Generationen so nicht kannten. Blasiert wendet man sich von einer Feier ab, die den Charakter einer Armenspeisung hat. Doch dies ändert nichts an ihrer Bedeutung für das kirchliche Leben. Das heilige Messopfer ist das Zentralmysterium unseres Glaubens. Nähe und Ferne zu diesem Mysterium sind der Gradmesser eines jeden Lebens. Allerdings sind auch hier wieder die schwerwiegenden Defizite zu berücksichtigen, die es Menschen heute nicht erleichtern, zum Geheimnis des Altares vorzudringen. An erster Stelle zu nennen wäre die Sakramentenkatechese vor der Erstkommunion. Oft erfahren Kinder im Grundschulalter dort alles über das Brotbacken und nichts über das Geheimnis der Eucharistie. Was die römische Sakramentenkongregation 1910 den Eltern in einem Dekret über den Kommunionempfang vor Augen hielt, gilt ohne Abstriche auch hundert Jahre später: Die Katechese ist nach dem Weißen Sonntag nicht zu Ende. Die Erziehungsberechtigten müssen »auf irgendeine andere Weise deren religiöse Bildung vervollständigen.«[4] Im selben Dekret werden auch die Anhänger des pädagogischen Unschuldswahns zusammengefaltet: »Die Sitte, Kinder nach dem erlangten Vernunftgebrauch nicht zur Beichte zuzulassen oder sie niemals zu absolvieren, ist gänzlich zu verwerfen.«[5] Effizienter als mit dem bewährten Instrumentarium der Kirche lässt sich auch im 21. Jahrhundert Klagen über glaubensferne Jugendliche nicht vorbeugen. Für alle Generationen aber gilt: Prophylaxe ist besser als Nachsorge!

Nicht selten leiden die Christen in der Kirche unter Situationen mit gravierenden Defekten und Defiziten, manchmal sogar auch unter schwerem, schuldhaftem Versagen. Gerade deswegen wirken die Sakramente »ex opere operato«, das heißt: aus ihrem Vollzug selbst. Durch das korrekt gespendete Sakrament empfangen die Gläubigen die damit verbundene Gnade. Die Wirksamkeit der Sakramente ist also unabhängig von der Würde des Spenders. Damit sind die Laien gewissermaßen emanzipiert und unabhängig von den menschlichen Schwächen und charakterlichen Defiziten des Klerus, zumindest im Kernbereich der Sakramentenspendung. Alles andere wäre auch mit der herausragenden Bedeutung der heiligen Eucharistie nicht zu vereinbaren. Sie ist eben keine Feier, in der eucharistisches Kleingebäck unter Gutmenschen verteilt wird, sondern auch und vor allem die unblutige Vergegenwärtigung des Kreuzesopfers. Unendliche Zeiten, Ewigkeiten, fallen in der Messe zusammen. Wir werden gleichzeitig Zeugen des Abendmahls und des Kreuzestodes. Christus nimmt uns mit hinein in das Geheimnis seines Leidens und Sterbens. Er schenkt sich selbst den Menschen in der Brotsgestalt. Die Wandlung von Brot und Wein in den Leib und das Blut Christi wird zum Geheimnis des Glaubens. Eine würdige Anbetung ist die einzig angemessene Antwort des Christen auf dieses Geschehen im heiligen Messopfer.

Manchen Zeitgenossen mag es angesichts des Kreuzesopfers viel praktischer erscheinen, an eine Wiedergeburt zu glauben oder an die Auflösung der eigenen Person in ein namenloses Nichts. Dass sich solche Weltanschauungen oft in einer hochphilosophischen und religionswissenschaftlich komplizierten Sprache präsentieren, ist nichts anderes als eine intellektuelle Camouflage. Natürlich gibt es auch eine bildungsbürgerliche Arroganz. Sie fängt an bei der Polemik gegen die früher sogenannte Winkelmesse, die der Priester privat für sich ohne Volk zelebrierte. Sie hört beim platten Kannibalismusvorwurf noch lange nicht auf. Diese bildungsbürgerliche Arroganz ist der Ausdruck eines wohl im Letzten sehr tief sitzenden, schlichten intellektuellen Defizits, das nach Verlässlichkeit und Beweisbarkeit verlangt, aber für exotische Kulte bereit ist, darauf zu verzichten.

Auch die populäre Maxime »Jesus ja, Kirche nein« beruht auf einem Trugschluss. Sie deutet an, Jesus sei auch außerhalb seiner Kirche eine ausreichend erfahrbare Größe. Die Kirche ist aber der fortlebende Christus in der Welt und in der Zeit von heute.

Kirche ist selbst nicht nur Subjekt, sondern auch Objekt des Glaubens: »Credo … (in) unam sanctam catholicam et apostolicam ecclesiam«, heißt es im Credo der hl. Messe.

Wer sich einbildet, nach zweitausend Jahren auf die historische Figur Jesu zurückgreifen und ihn von der Interpretationsgemeinschaft der Kirche trennen zu können, irrt gewaltig. Denn die Kirche ist vom gleichen Geist geprägt, den Jesus in die Welt gesandt hat. Deswegen hat der spanische Politiker

Donoso Cortés (1809–1853) völlig recht, wenn er feststellt: »Die Verachtung der Kirche ist gleichbedeutend mit der Verachtung Gottes.«[6]

Natürlich gibt es neben den Irrenden auch das weite Feld der Sinnsucher, die redlich um die Gottesfrage ringen. Immer mehr Menschen haben in ihrer Kindheit nie beten gelernt. Biografien, in denen Beter als Vorbilder fehlen, werden daher häufiger. Wer in seinem Leben noch keine Gebetserfahrung gesammelt hat, kann in jedem katholischen Gotteshaus einsteigen. Ein Tipp: In eine Kirche gehen, sich zehn Minuten hinsetzen, still werden und auf den Gekreuzigten und den Tabernakel blicken. Je nach individueller Interessenlage können Menschen ohne Gebetspraxis auch mit geistlicher Musik, religiöser Kunst und Literatur langsam den Weg zum persönlichen Beten finden. Das Bewusstsein muss dafür geschärft werden, dass Jesus Christus in seiner wirklichen Gegenwart im Tabernakel unserer Kirchen erstrangig ist. Gott wohnt unter uns. Er lädt uns ein, und wir sollten ihn besuchen. Das »Jahr des Glaubens« wird sicher ein Erfolg, wenn wir damit ernst machen und beten statt herumsitzen, knien statt Memoranden (unter-)schreiben.

Für die Neuevangelisierung spielen neben dem Gebet auch die Katechese und die Marienverehrung eine unersetzliche Rolle. Sonntagsschulen und traditioneller Katechismusunterricht sind in unseren Breiten nicht mehr üblich. Umso wichtiger ist die Katechese und die richtige geistliche Lektüre. Ein Rettungsring für die vielen geistlichen Nichtschwimmer ist der Katechismus der katholischen Kirche und seine Jugendausgabe »Youcat«. Diese beiden Bücher sind mancherorts vielleicht die beste Chance, kirchliches Glaubenswissen adäquat zu vermitteln – und sei es im Selbststudium. Der Katechismus gehört in jede katholische Familie. Im »Jahr des Glaubens« lohnt es sich, den gesamten Katechismus noch einmal zu inhalieren. Wem der Katechismus zu dick ist, der sollte wenigstens das Kompendium lesen. Ein weiterer Tipp wäre: Im »Jahr des Glaubens« jeden Tag einen Begriff aus dem Stichwortregister des Weltkatechismus nachschlagen – das wäre optimal.

In meiner Generation können sich viele noch gut an die Christenlehre am Sonntagmittag in der Pfarrkirche erinnern. Ich sehe noch heute den Pfarrer von der Kanzel seine Katechese halten. Das war weder abgehoben noch eine Belehrung von oben herab. Im Gegenteil: Als Kinder wurden wir oft in spannende Fragestellungen einbezogen. Die Christenlehre war für mich ein rundum positives Erlebnis. Allerdings lässt sich das heute in den Pfarreien nicht mehr in einem solchen zeitlichen Umfang umsetzen.

Angesichts der Beschleunigung des Lebens kommen Seelsorger und Katecheten nicht darum herum, neue Möglichkeiten zu finden. Wir brauchen mehr Anstrengungen, um Jugendlichen wie auch älteren Menschen die Glaubenswahrheiten zu vermitteln. Es fehlen die elementaren Grundrechenarten des Glaubens und die Alphabetisierung des Glaubenswissens. Dagegen hilft der Katechismus, dessen Rezeption im deutschen Sprachraum eher suboptimal war. Und vielleicht hilft auch das Youcat-Projekt, das weltweit anläuft. Es wäre sicher eine Überlegung wert, ob es nicht zielführender wäre, die finanziellen Mittel, die in Dialogprozesse und Sinus-Studien gesteckt wurden und werden, hier zu investieren.

Um das Glaubenswissen zu fördern, lohnt es sich, im »Jahr des Glaubens« alles zu mobilisieren – auch die Medien. In

Maria Vesperbild versuchen wir, auch im Rahmen unserer bescheidenen Möglichkeiten über Internet und Facebook Präsenz zu zeigen, um internetaffine Menschen zum Glauben zu ermutigen. In seiner Botschaft zum Weltmedientag hat Papst Benedikt XVI. auch ausdrücklich dazu aufgefordert. Dabei muss es immer um Konkretes gehen: Denn ohne Sonntagsmesse, ohne Beichte und ohne Gebet ist das Leben nicht zu bewältigen. Deswegen wären beispielsweise folgende Punkte das ideale Programm für ein wirkliches »Jahr des Glaubens« für die ganze Familie:

1. Morgen- und Abendgebet,
2. Besuch der Sonntagsmesse,
3. Tischgebet,
4. die monatliche Beichte und
5. der monatliche Besuch einer Wallfahrtskirche oder eines Gnadenbildes mit der ganzen Familie.

Für die Kinder soll die Wallfahrt Hand in Hand gehen mit einem fröhlichen Event. Dabei darf auch kräftig gefeiert werden. Ganz wichtig: Im »Jahr des Glaubens« muss es weniger Nabelschau und mehr Selbstevangelisierung geben. Wenn wir das schaffen, sehen wir die Begrenztheit aller unserer Dialogprozesse und vieles würde zweitrangig. Wenn die Anzahl der Sitzungen, Workshops, Tagungen auf die Hälfte reduziert würde, wäre das ein hundertprozentiger Erfolg für die Kirche. Was in anderen Ortskirchen Schwung ins geistliche Leben gebracht hat, dürfte auch den Katholiken in Deutschland guttun.

Kuba könnte hier ein Vorbild sein. Zum Jubiläum des Gnadenbildes Unserer Lieben Frau von Cobre hatten die Bischöfe für 2012 ein marianisches Jahr ausgerufen. Es wäre mehr als sinnvoll, die Mutter Jesu auch in Deutschland einmal auf diese Weise ins Blickfeld zu rücken. Dabei müsste allerdings tatsächlich die Gestalt der Gottesmutter im Mittelpunkt stehen, nicht irgendeine feministisch interpretierte, gendertheologische Wegbegleitung. Wir erleben heute nicht selten, dass ein feministischer Wissenschaftsjargon ernsthaft als Theologie ausgegeben wird. Mit dessen Hilfe wird ein Marienbild produziert, das die Mutter des Erlösers gewissermaßen zur Alice Schwarzer der Zeitenwende macht. Da gelten dann die schönen Anfangsworte einer Enzyklika Pius' XI. aus dem Jahr 1931 in einem ganz anderen Zusammenhang: »Non abbiamo bisogno – das brauchen wir nun wirklich nicht.«

Umgekehrt ist kritisch nach der Rezeption lesenswerter Werke weiblicher Autorinnen zu fragen. Warum werden die Werke der von Papst Benedikt XVI. zur Kirchenlehrerin erhobenen Benediktinerin Hildegard von Bingen (1098–1179) von den Frauenverbänden und Katholischen Akademien nicht stärker berücksichtigt? Wirklich überraschend ist das nicht, auch wenn man sich gern darüber wundern würde. Auch werden die frühen Schriften der Schriftstellerin Ida Friederike Görres (1901–1971) zwar gern zitiert, aber ihr Ausblick »Im Winter wächst das Brot« oft verschwiegen.

Das »Jahr des Glaubens« sollte vor allem ein Dialogprozess mit Jesus und seiner Mutter sein. Die Wahrheiten des katholischen Glaubens in ihrer konkreten Anwendung gehören auch heute mitten in unseren menschlichen Alltag. Priester und Laien sind hier gemeinsam gefragt: Neuevangelisierung geht alle Gläubigen an und ist nicht auf einen Stand beschränkt. Sie gehört zu den Aufgaben jedes mündigen, getauften und gefirmten Christen. Gerade mit der Firmung erhalten alle Katholiken auch den Sendungsauftrag, ihren Glauben zu verkünden. Daran erinnert ausdrücklich die Note der römischen Glaubenskongregation zum »Jahr des Glaubens«. Es gibt in Mitteleuropa zweifellos eine Tendenz zu einer Entsakramentalisierung der Kirche. Priester werden – äußerlich betrachtet – laisiert und unterscheiden sich weder in ihren Aufgaben noch in ihrem Leben und erst recht nicht in ihrer Kleidung von den Laien. Gleichzeitig werden Laien klerikalisiert und zu Gottesdienstmanagern knapp unterhalb der sakramentalen Ebene gemacht. Glaubenswissen spielt dabei kaum noch eine Rolle. Hauptsache, alle finden sich nett und man hat über alles gesprochen. Dabei könnten sich die katholischen Laien auf ihre Tradition besinnen.

Die Kirchengeschichte kennt nämlich mächtige Impulse von Laienbewegungen. Gerade im 13. Jahrhundert gab es große geistliche Initiativen. Dieses mittelalterliche »Bewegungs-Christentum« ist der heutigen Situation nicht ganz unähnlich, wie sich beispielsweise an den franziskanischen Gemeinschaften zeigte. Auch die Bandbreite der Bruderschaften und marianischen Kongregationen nach der Reformation spricht für sich. Gerade unter dem Einfluss der Bruderschaften in ihren eigenen bestimmten Festordnungen und dem Wirken der marianischen Kongregationen haben Laien in der Kirchengeschichte der Neuzeit ihre Mündigkeit positiv unter Beweis gestellt. In der Enzyklika *Augustissimae Virginis* über den Rosenkranz setzte Papst Leo XIII. bereits 1897 ein hochmodernes Signal für die Laien: »Wer sich an diese Weise zu beten hält, dem kann der sichere Erfolg nie fehlen. Diese trifft nun aber zu bei den Mitgliedern der Rosenkranzbruderschaft. Wie nämlich die Priester durch die Verrichtung des Breviers öffentlich (das heißt im Namen und Auftrag der Kirche) und fortwährend und darum sehr wirksam beten, so ist auch das Gebet der Sodalen beim Rosenkranzgebet oder Psalter der heiligen Jungfrau, wie es auch von einigen Päpsten genannt worden ist, gewissermaßen öffentlich beharrlich und gemeinsam.«[7]

Mündigkeit zeigt sich ja nicht in erster Linie im Widerspruch. Mündig ist man erst, wenn man die Pubertät überwunden hat. In der kirchlichen Landschaft heute überwiegt allerdings eine Mischung aus pubertärem Übermut und präseniler Weinerlichkeit, verbunden mit einer geradezu penetranten emotionalen Inkontinenz, die sich in lähmender Betroffenheitslyrik und Empörungsrhetorik erschöpft. Die Kirchengeschichte lehrt eindeutig, dass alle Bewegungen der sorgfältigen Begleitung durch die Leitung der Kirche bedürfen. Der Schwung der Neuevangelisierung, die Begeisterung so vieler Laien, ist etwas Großartiges. Aber ohne konsequente Begleitung durch das Lehramt besteht immer auch die Gefahr einer reinen Gefühlsreligion, die sich ihre Riten und Dogmen selbst macht. Kennzeichen dieser Gefühlsreligion ist ein etwas schizoides Selbstverständnis. Ganze Gruppen werden aus den Dialogprozessen ausgegrenzt. Wer aus welchen Gründen auch immer als konservativ gilt, kann sich häufig genug des Mobbings nicht erwehren. Nicht selten machen sich Räte zu Inquisitionstribunalen und fällen Urteile über Abwesende, auch in Glaubensfragen. Die Geräusche, die bei diesen Selbstgesprächen einer Funktionärskaste entstehen, sind noch lange kein Dialogprozess. Neuevangelisierung ist die Aufgabe mündiger Laien und nicht pubertär motzender Krawalltheologen. Kritik am kirchlichen Lehramt ist darum auch kein Gütesiegel der Verkündigung. Wer hingegen die Frage nach dem Glauben vernünftig formuliert, stellt auch die Weichen für die Neuevangelisierung richtig. Für Katholiken geht es nicht um irgendeinen Minimalkonsens: Woran muss ich glauben, um noch katholisch zu sein? Wir müssen nicht glauben, wir dürfen glauben. Glaubenswahrheiten sind keine Lasten, die dem Menschen auferlegt werden, sondern Geschenke der göttlichen Wahrheit. Bei der Lehre der Jungfrauengeburt beispielsweise geht es neben der Lehre über die Mutter Jesu auch um eine christologische Aussage. Jesus hatte keinen menschlichen Vater. Die Lehre von der Jungfrauengeburt ist endgültig, sie ist ein Dogma. Wer dieses Dogma leugnet, befindet sich in einem schweren Dissens mit dem katholischen Glauben.

Auch alle anderen katholischen Dogmen und Lehrsätze sind keine Einengung, sondern eine Befreiung zum Denken. Als Wegweiser und Schilder können sie den gläubigen Christen von Irrwegen des Geistes abhalten. Die Kirche hindert niemand am Denken. Auch für das Denken gibt es allerdings eine »Straßenverkehrsordnung«. Denken bedeutet für reflektierende Gläubige nicht, auf Mountainbike-Rädern durch irgendwelche Dschungelcamps zu rasen. Ohne die Lehre der Kirche zerfallen die Gelehrsamkeit und Gottesfurcht der Christen. Auf das Blitzeis des Zeitgeistes gehört das Streusalz des Glaubens. Bei modischen Schneeverwehungen muss schweres Gerät heran. Es ist eine Ironie der Geschichte, dass in einer Zeit, in der der christliche Glaube im Allgemeinen und die katholische Kirche im Besonderen den größten Angriffen ausgesetzt sind, ausgerechnet die früher vorhandenen Lehrstühle für Apologetik, die für die Verteidigung und die Begründung des Glaubens eingerichtet worden waren, vielfach zu fundamentaltheologischen Zeitgeistagenturen geworden sind, die alles Mögliche vermitteln, aber keine Verteidigung des Glaubens, des Christentums und der katholischen Kirche, wie sie dringend nötig wäre.

Im »Jahr des Glaubens« sollten vor allem die Geistlichen bemüht sein, sich in der Gottesgelehrsamkeit, dem eigentlichen Reden von Gott, immer weiterzubilden. Schon das Wort Geistlichkeit hat etwas mit Geist zu tun. Damit ist der Geistliche auch zu einer Art Gelehrsamkeit verpflichtet. Die Gottesgelehrsamkeit ist häufig religionswissenschaftlich in den Boden gestampft worden. Gerade deswegen brauchen wir eine Kultur der Gelehrsamkeit. Es ist alles andere als Luxus, wenn der Priester in seinem Alltag Fortbildung als geistlichen Prozess verankert, auch wenn Gelehrsamkeit und Gottesfurcht heute vielen Gläubigen kaum noch als erstrebenswerte Ziele erscheinen. Die Lehre der Kirche und die Erfahrung vieler Christen belehren uns jedoch eines Besseren.

Auch die Gottesfurcht gehört zum Kanon der christlichen Tugenden, die ein Comeback verdient hätten. Es gibt eine Tendenz, aus Gott eine Art Kumpel zu machen. Der »Kumpelgott« kann praktisch kaum noch Relevanz für das konkrete Leben beanspruchen. Eine Verflachung mit bedeutsamen Folgen sowohl für die katholische Kirche als auch für die Ökumene. Gott ist aber immer auch, um es mit dem evangelisch-lutherischen Theologen Karl Barth (1886–1968) auszudrücken, »der ganz Andere.«[8] Gott ist *mysterium fascinosum et tremendum* – ein faszinierendes und ehrfurchtgebietendes Mysterium. Das »fascinosum« wird heute betont, das »tremendum« erscheint nur noch als Karikatur vergangener Zeiten. Intensive Gottesgelehrsamkeit und eine gesunde Portion Gottesfurcht immunisieren gegen die häufig genug bizarren Strukturdebatten eines Akademie- und Rätekatholizismus und gegen den progredienten Krankheitsverlauf einer simplifizierenden Memoranditis. Memoranden schreiben und unterzeichnen hat zurzeit in Mitteleuropa ja Konjunktur. Die richtigen »Impfstoffe« scheinen hier noch nicht gefunden worden zu sein.

Dennoch zeigen sich heute durchaus auch positive Ansätze. So war es jahrelang verpönt, vom Opfercharakter der heiligen Messe zu sprechen. Die Messe wurde zum Gemeinschaftsmahl degradiert und der Opfercharakter unterbewertet. Den Opfergedanken hat der französische Religionsphilosoph René Girard (geb. 1923) rehabilitiert. Durch seine Vorträge und Publikationen merkten viele Liturgen, dass sie nicht in der Gegenwart standen, sondern in den Kontroversen des 16. Jahrhunderts stecken geblieben waren.

Einen gesunden Gegensatz zu dem, was Max Weber einmal treffend »Elitefrömmigkeit« genannt hat, bietet jedenfalls die Volksfrömmigkeit. Sie betont die sinnlich erfahrbare Seite des Glaubensvollzugs besonders stark und ist deswegen auch kulturstiftend und kulturerhaltend. Volksfrömmigkeit ist sakrale Kultur. Sie steht für ein Glaubensbewusstsein, das von unten gewachsen ist. Das unterscheidet sie von den Räten und Gremien, deren Mitglieder den praktizierenden Katholiken oft nicht einmal namentlich bekannt sind. Volksfrömmigkeit ist ein Wesenszug des Katholizismus. Jesus selbst verweist auf die Kleinen, denen so viel geoffenbart wurde, was den Großen eben verborgen geblieben ist. Den Verdacht, Volksfrömmigkeit sei etwas für schlichte Gemüter, hat die Kirche stets wirksam entlarvt. Schon dem angeblichen Gegensatz von Volksfrömmigkeit und Intellektualität liegt eine sublime Arroganz zugrunde. Insbesondere die Wallfahrten des Heiligen Vaters und seiner Vorgänger zeigen, dass ein schlichtes Gemüt und hohe Intellektualität keine Gegensätze sein müssen. Vor Gott sollten wir alle wie Kinder werden. Wo das nicht geschieht, zeigt sich sehr schnell auch eine marianische Gefühlskälte. Sie legt sich wie eine Frostschicht über alles kirchliche Leben. Natürlich gibt es auch eine marianische Überhitzung mit wilden Fieberfantasien. In beiden Fällen brauchen wir die Mutter: um aufzutauen im Frost steriler Strukturdebatten und zur Abkühlung überhitzter Fieberfantasien.

Echte Volksfrömmigkeit erdet den Christen: Tief verwurzelt im Glauben der Kirche stellt sie ein wichtiges Element der Neuevangelisierung dar. Echte Volksfrömmigkeit ist eine Synthese von Neuevangelisierung und Entweltlichung. Entweltlichung und Neuevangelisierung gehören zusammen. Entweltlichung bedeutet weder einen Abschied von der Welt noch einen Auszug aus der Welt. Sie ist vielmehr die Verchristlichung der Welt. Volksfrömmigkeit zeigt gelebtes Christentum in seiner Alltagstauglichkeit, denn sie hat die Wahrheiten des Glaubens in die Praxis umgesetzt. Sie hilft den katholischen Gläubigen, auf die Welt zuzugehen, aber mit dem Selbstbewusstsein, Antworten und Hilfen für deren Probleme geben zu können. Entweltlichung bewahrt die Kirche davor, die weltlichen Strukturen ihrer Umgebung zu übernehmen. Jeder Entweltlichungsprozess muss auf einen Christianisierungsprozess hinauslaufen, damit wir nicht in einer Negativhaltung stecken bleiben. Im Letzten ist Entweltlichung ein eminent positiver Begriff. Vielleicht nicht unbedingt für Strukturdebattenfetischisten, aber sicher für normale Christen. Mit

Volksfrömmigkeit ist immer auch Anschaulichkeit verbunden. Darauf wird es bei der Neuevangelisierung wesentlich ankommen.

Von der Gewichtung der Volksfrömmigkeit hängt es ab, ob Initiativen wie das »Jahr des Glaubens« zünden. Die katholische Kirche kennt genug Beispiele für die missionarische Kraft der Volksfrömmigkeit. Die Marienerscheinungen im mexikanischen Guadalupe im Jahre 1531 gelten bis heute als der eigentliche Durchbruch für die Evangelisierung Lateinamerikas. Gut dreihundert Jahre später erschien Maria 1858 in Lourdes der vierzehnjährigen Bernadette Soubirous. Im Frankreich des 19. Jahrhunderts waren die Langzeitschäden der Französischen Revolution damals noch nicht überwunden. Lourdes setzte dem Geist des Rationalismus den Glauben des Volkes entgegen. Es gibt zwar keinen Automatismus zwischen Marienerscheinungen und Neuevangelisierung. Doch haben die von der Kirche als echt anerkannten Marienerscheinungen durch ihre Anziehungskraft den Glauben erstrahlen und als Lebenshilfe aufleuchten lassen. Darin besteht auch das wichtigste Moment einer Pilgerfahrt. An Wallfahrtsorten erleben die Menschen Zeugnisse von Gläubigen, die hier konkrete Hilfe erfahren haben – und zwar unabhängig von jeder Wunderfeststellung. Wir sollten bei der Neuevangelisierung nicht auf Wunder und übernatürliche Erscheinungen setzen. Die Kirche ist kein Mirakelbetrieb. Ein Glaube, der sich in und an peripheren Erscheinungen festmacht, bringt immer auch geistliche Gefahren mit sich. Das ist eine Lektion, die die Kirche spätestens in der frühen Neuzeit in den großen Kontroversen um Mystik und Pseudomystik, falsche Erscheinungen und Ähnliches gelernt haben dürfte. Wenn zwischen dem

Weizen auch Unkraut wuchert, sollte der Unterschied zwischen beidem genau festgestellt werden. Auch darf die Kirche um Schadensbestandsaufnahme und Schadensbegrenzung bemüht sein.

Die Kirche ist es auch, die die Marienverehrung in die richtigen Bahnen lenkt. Das Zweite Vatikanische Konzil begann an einem 11. Oktober, dem Fest der Mutterschaft Mariens. Dieses Fest – vorübergehend abgeschafft – findet sich jetzt wieder im Messbuch. Ohne die Mutter Kirche und ohne die Mutter der Kirche werden wir das Erbe des Zweiten Vaticanums in der Beliebigkeit von Dialogprozessen verspielen. Eine Konzilsstelle, die aus meiner Sicht besondere Bedeutung hat, ist *Lumen Gentium* Nr. 63–65. Jeden Samstag können die Priester in der Lesehore des Stundengebets den Konzilstext »Maria, Urbild der Kirche« lesen. In seiner Schlussrede zur dritten Sitzungsperiode des Zweiten Vatikanischen Konzils am 21. November 1964 hatte Paul VI. Maria feierlich als Mutter der Kirche proklamiert. Bei dieser Verkündigung kam es in der Konzilsaula zu Szenenapplaus. Die Konzilsväter erhoben sich von ihren Sitzen. Es gab stehende Ovationen für den Papst. Der französische Theologe René Laurentin, ein bedeutender Mariologe, der ursprünglich ein Gegner dieses marianischen Titels war, beschreibt die Szene nicht ohne den Hinweis, dass einige deutsche Kardinäle und Bischöfe sich nicht von ihren Sitzen erhoben und auch nicht applaudierten. Das ändert jedoch nichts an der Bedeutung dieser päpstlichen Entscheidung.

Der Titel *Mater Ecclesiae* – Mutter der Kirche – ist ein wichtiger hermeneutischer Schlüssel zur Interpretation der Kirchenkonstitution des Zweiten Vatikanischen Konzils. Ich beobachte bei der Interpretation von *Lumen Gentium* und des Kirchenbildes des Zweiten Vaticanums durchgängig, dass die *Nota praevia* dieses Dokuments nicht berücksichtigt wird. Sie ist aber der entscheidende hermeneutische Schlüssel für die Interpretation des Konzilstextes über die Kirche. Man tut vielmehr so, als ob es sie gar nicht gäbe. Weiter fällt auf, dass der Titel »Mutter der Kirche« gar nicht als wegweisende Interpretationshilfe wahrgenommen wird. Dass die marianische Frömmigkeit in den Traktat über die Kirche einbezogen wird, ist eine klare Aussage. Hier zeigt sich eine besondere Kontinuität und eben kein Bruch mit der mariologischen Tradition, die als »Privilegienmariologie« sehr vereinfacht weginterpretiert wird. Volksfrömmigkeit ist ein Element der Kontinuität. Sie untermauert die Hermeneutik der Kontinuität, die für die Interpretation der Konzilstexte maßgebend ist. Das Konzil war kein Bruch mit der Vergangenheit und deshalb auch kein Bruch mit der Volksfrömmigkeit. Ganz im Gegensatz etwa zur Synode von Pistoia 1786, auf der die Volksfrömmigkeit ausdrücklich abgeschafft wurde. Das Volk ging anschließend auf die Straße, um für seine Frömmigkeit Flagge zu zeigen. Danach musste Ortsbischof Scipione de Ricci (1741–1810) gehen. Volksfrömmigkeit steht immer für eine gewachsene und niemals für eine konstruierte Frömmigkeit. Deswegen spielt der Titel Mariens als Mutter und Urbild der Kirche eine entscheidende Rolle für die richtige Rede von der Kirche. Auf sie kommt es im »Jahr des Glaubens« an.

Wer über die Kirche reden will, kann von Maria nicht schweigen. Eine Kirche, die nicht marianisch geprägt wäre, wäre jedenfalls nicht mehr die katholische Kirche, sondern ein Kultusverein.

DER AUFGEKLÄRTE SPIESSER

Auch der glühendste Gegner des Christentums kennt gelegentliche Momente der Besinnung. Ist die Kirche nicht ab und an nützlich für das Gemeinwohl? Hinter Weihrauchwolken vermuten die geistigen Söhne von Stephen Hawking und Richard Dawkins eine gehörige Portion sozialer Schmiermittel: Caritas, auf die sie im Alter und in anderen Notfällen nur ungern verzichten wollen. Im 21. Jahrhundert bleibt der aufgeklärte Spießer dem Spießertum der Aufklärung auf seine Weise treu. Einst hielt der Spießer dem angeblich nutzlosen lateinischen Choralgesang in den Klöstern die Nützlichkeit bildungsbürgerlicher Ideale für zerlumpte Bauernkinder entgegen. Heute würgt der Spießer seine Wut auf das Kreuz vielleicht beim Anblick der Wartelisten für katholische Kitas und Altenheime herunter. Wie schön, wenn vom christlichen Glauben ein Kollateralnutzen für das Gemeinwohl abfällt. Und die Geschichte zeigt ja deutlich, dass Religion gesellschaftsbildend und -verbindend ist. Eine Gesellschaft ohne Religion wäre ein Club, den nur noch die Straßenverkehrsordnung und das Strafrecht zusammenhält. Nur ist das Kalkül der gesellschaftlichen Relevanz nicht unbedingt zielführend, wenn es um das ewige Leben geht. Unverändert aktuell ist, was Papst Pius XI. 1931 in der Bulle über die Heiligsprechung Alberts des Großen den aufgeklärten Spießern seiner Zeit entgegenhielt: »Es ist nicht wahr, was die Gottlosen so gerne wiederholen: Christliches Leben und Streben nach Vollkommenheit vernichte oder beeinträchtige die natürlichen Anlagen des Menschen, seine Willensenergie, seine Mitarbeit in der Öffentlichkeit, den natürlichen Adel seiner Geisteskraft.«[9] Man könne im Gegenteil den Beweis erbringen, dass die göttliche Gnade die menschliche Natur vervollkommne, so der Papst.

Glaube und Vernunft miteinander zu vereinbaren scheitert in der Praxis nicht unbedingt an einzelnen Dogmen oder christlichen Lehrinhalten. Das Problem des aufgeklärten Spießertums mit dem Glauben beginnt heute oft schon damit, dass die Vernunft überschätzt und zum Teil auch falsch definiert wird. Was ist Vernunft? Was ist Verstand? Je nach Definition lautet die Schlussfolgerung dann: Das ist mit dem Glauben nicht zu vereinbaren. Dagegen lässt sich eigentlich nur historisch und biografisch argumentieren. Bedeutende Naturwissenschaftler und Mathematiker haben nicht trotz, sondern aufgrund ihres Wissens geglaubt. Der belgische Theologe und Astrophysiker Abbé Georges Lemaître (1894–1966) hat als Begründer der Urknalltheorie eine große Bedeutung erlangt. Über seine wissenschaftliche Auseinandersetzung mit der Expansion des Universums und der Schöpfungstheologie setzte er auch Maßstäbe für den interdisziplinären Austausch zwischen Theologie und Naturwissenschaft.

Erst die Perspektive auf das ewige Leben weitet den Horizont über die Kleinkariertheiten und Modetorheiten der Gegenwart hinaus auf den Wert der Tradition. Für Christen gibt es nichts Moderneres als die Tradition, denn Tradition bedeutet nichts anderes als Treue zum Heiligen Geist. An der landläufig verbreiteten These, in Glaubensfragen bestehe eine Spannung zwischen Tradition und Moderne, darf man zweifeln. Denn die Tradition der Kirche ist nichts anderes als das überlieferte Zeugnis für das lebendige Wirken des Heiligen Geistes. Darum gibt es dort keinen Gegensatz. Im Gegenteil: Ich bin häufig überrascht, wenn ich in moraltheologischen Schriften des 17. Jahrhunderts auf Fragestellungen stoße, die topaktuell sind. Was der Theatinerpater Antonio Diana (1585–1663) in seinen moraltheologischen Schriften über die Frage der Steuergerechtigkeit schrieb, ist auch heute noch sehr aktuell. Die Auseinandersetzungen um das Bank- und Kreditgeschäft, die ihren Niederschlag in der Enzyklika »Vix pervenit« von Papst Benedikt XIV. (1745) fanden, besonders aber die Darlegungen des Dominikaners Daniele Concina (1687–1756) zu diesen Fragen gewinnen anlässlich der heutigen weltweiten Finanz- und Bankenkrise eine bedrückende, ja geradezu prophetische Aktualität. Schärfer ist der Kapitalismus, dessen »Werte« in erster Linie »Börsenwerte« sind, nie mehr kritisiert worden. Zu seiner Zeit wurde Pater Concina als weltfremder Rigorist, der die Eigengesetzlichkeit des Wirtschaftslebens eben nicht erkannte, abgetan. In diesen Diskussionen wurde der Weg zu den großen Sozialenzykliken geöffnet. Mit den Namen von Diana und Concina, die durchaus unterschiedliche theologische Richtungen vertraten, zeigt sich ein legitimer Pluralismus, eine große Bandbreite und eine prophetische Weitsicht der Kirche, auch in wirtschaftlichen und gesellschaftspolitischen Fragen.

Demgegenüber wirkt die Häresieproduktion seit Langem wie ein Nostalgiebetrieb: Ladenhüter werden poliert und noch einmal unters Volk gebracht. Modernen Häretikern lässt sich durchaus ein Fantasiedefizit bescheinigen. Die Kirche muss jedoch ihr Instrumentarium zur inneren Selbstreinigung regelmäßig neu justieren. Amtliche Verlautbarungen können nicht immer mit der notwendigen Schnelligkeit auf abstruse Aktualitäten reagieren. Der Antimodernisteneid etwa war in Deutschland weitgehend wirkungslos, weil ausgerechnet die Theologieprofessoren davon befreit wurden. Die Priester unter den frühen 68ern haben in ihrem Leben alle mindestens sechs oder sieben Mal den Antimodernisteneid geschworen. Auch in der katholischen Kirche ist ein Eid allerdings nur von begrenztem Nutzen, wenn seine Einhaltung nicht sehr überwacht wird. Und beim neuen Treueeid sollte man die Einhaltung und die Ernsthaftigkeit und ihren Niederschlag in der Praxis regelmäßig genau evaluieren.

Die eingefleischte Skepsis des Europäers gegenüber der christlichen Tradition ist ein Kind der Neuzeit. Mit der Renaissance setzte ein Prozess ein, der einerseits antike Ideale und Praktiken kritiklos verherrlichte und andererseits die Legende vom dunklen und finsteren Mittelalter hervorgebracht hat. Eine mentale Abkoppelung von der Kirche beginnt also mit der Renaissance. Die Nachwehen der Aufklärung haben ihren Teil zu diesem Entfremdungsprozess beigetragen. Der französische Historiker Jacques Le Goff vermutet mit gutem Grund, dass das humanistische Bildungsideal zur Entchristlichung der Intellektuellen beigetragen hat. Und auch die Fragmentierung des Wissens geht nicht spurlos an den Köpfen vorbei. Blasierte Skepsis gegenüber Glaubenssätzen ist heute ein Charakteristikum des aufgeklärten Spießers. Vielen notorischen Zweiflern fehlt schlicht der Überblick über die europäische Geistesgeschichte und auch die Fähigkeit, Glaube und Vernunft zusammenzudenken. Fragmentierung und Spezialisierung des Wissens haben Formen angenommen, die es legitim erscheinen lassen, zu sagen: Immer mehr wissen immer mehr über immer weniger. Die Spezialisierung ist so weit fortgeschritten, dass z. B. selbst Spitzenmediziner ihren Fachbereich nicht mehr überblicken können. Ein hochgezüchtetes Expertentum birgt natürlich Gefahren für die Allgemeinbildung. Der Gipfel und zugleich Endpunkt des hochspezialisierten Wissens ist erreicht, wenn man zum Schluss alles über nichts weiß. Das hat natürlich Folgen, auch für den konkreten Glaubensalltag. Überspezialisten, die sich in ihrem mikroskopisch kleinen Fachgebiet als Spitzenkräfte fühlen und daraus die Legitimation für theologische Äußerungen beziehen, sollte klar werden, das jemand, der alles über die Amöbe weiß, damit noch keineswegs eine Legitimation erworben hat, sich z. B. über die Hypostatische Union – die Lehre, dass Jesus die göttliche und menschliche Natur in sich vereint – zu äußern. Der aufgeklärte Wissenschaftler, der immer mehr über immer weniger weiß, sollte darum in der Demut dieses Wissens akzeptieren, dass es Kenntnisse außerhalb seines intellektuellen Horizonts gibt. Es gibt nicht nur eine geistige Welt, die er nicht überblickt, sondern auch ein grundsätzliches Geheimnis, das dem Verstande nicht zugänglich ist. Das Gleiche gilt übrigens auch für Politiker. Politiker in allen politischen Systemen standen und stehen immer in der Versuchung, sich einer Kirchenreform auf sehr persönliche und drastische Weise anzunehmen. Sie leben in der Überzeugung, dass ihr politisches Amt ihnen auch eine geistliche Funktion gibt. Verkauft sich ein Politiker gut als Charismatiker, stilisiert ihn eine atemlose Öffentlichkeit zum Messias hoch. Von Barack Obama über manchen inspirierten Grünen und Roten und die vielen politischen Spinner des 20. Jahrhunderts hat es immer wieder Versuche gegeben, politische Mandate und Aufträge in innerkirchliche Machtpositionen zu transformieren. Ein besonders bekanntes Beispiel für solche politischen Grenzüberschreitungen aus neuester Zeit dürfte der ehemalige Bundespräsident Christian Wulff sein, der seine Amtsautorität als gewähltes Staatsoberhaupt ausnutzte, um anlässlich des Papstbesuches in Deutschland über Forderungen für wiederverheiratete Geschiedene zu sprechen. Eine glatte Grenzüberschreitung: Der katholische Christ Wulff nutzte sein politisches Amt und dessen Möglichkeiten dazu, seine persönlichen Probleme mit und in der Kirche zu thematisieren. Die Kritik aus dem katholischen Bereich fiel eher sparsam aus und empfahl sich auch nicht, wie ich selbst erfahren durfte, als ich seine Grenzüberschreitung in einem Interview vorsichtig hinterfragt habe.[10] Die gleiche Erfahrung durfte ich machen, als ich die unsäglichen Äußerungen der Familienministerin über »Das Gott« und die Frage, ob man einem Kinde vom Christkind oder vom Weihnachtsmann erzählen sollte, »aufs Korn genommen« habe.[11]

Hier stehen demokratische Politiker durchaus in der Tradition absoluter Monarchen, die das innerkirchliche Leben bis ins letzte Detail regeln wollten. Hier werden Menschen nicht aus einer selbstverschuldeten Unmündigkeit befreit (Kant), sondern zu einer größeren und unwürdigen Unmündigkeit gegenüber dem Staat geführt. Das wird heute natürlich nicht so deutlich formuliert, wo geplagte Bürger heute täglich von ihren Regierungen in Form staubtrockener »alternativ-loser« Beschlüsse gegen marode Staatsfinanzen befürchten müssen. Dies wurde vor 400 Jahren bei Cervantes[12] schon wunderschön beschrieben. Modern, in feinstem Kastilisch formuliert, erzählt er in seiner Novelle vom »Auferstehungshospital in Valladolid«, in dem der spanische Klassiker einen Berater des Königs zu Wort kommen lässt, der die maroden Staatsfinanzen wieder in Ordnung bringen will:

Alle Untertanen zwischen vierzehn und sechzig sollen einmal im Monat bei Wasser und Brot fasten und die ersparten Ausgaben in die Staatskasse einzahlen. Der Kirchensprengel würde das Geld einsammeln. Für die Fastenden wäre das ein Gewinn, denn sie würden durch ihren Verzicht den Himmel erwerben und ihrer Gesundheit nützen. Der Berater des Königs wird ausgelacht. Dabei hätte er einer der Gründungsväter der Grünen sein können, als er einem nachhaltigen Konsumverzicht das Wort redete.

Mehr als das Gelächter der Ignoranten macht den Gläubigen damals wie heute allerdings die Dummheit zu schaffen. Religiöse Dummheit kennt genau wie geistliche Intelligenz kein Verfallsdatum. Der wache Blick für religiöse Entwicklungsprozesse in der eigenen Epoche war nie selbstverständlich. Sich aufgeklärt dünkende Geister neigen auch heute dazu, Katholiken für eine Spezies von Fußkranken des intellektuellen Fortschritts zu halten. Und viele Katholiken üben sich auch in dieser Haltung, indem sie den Dialog nach dem Motto führen: »Ich bin katholisch – entschuldigen Sie bitte, es soll nicht wieder vorkommen.« Das katholische Sendungsbewusstsein vieler Intellektueller ist nicht auf der Höhe. Ein

Schuss pietistischen Selbstbewusstseins täte uns Katholiken gut. Selbst die Ökumene leidet insofern unter den Folgen der Aufklärung, als aus ihr die bildungsbürgerliche Arroganz hervorgegangen ist, die auf vermeintlich tumbe Katholiken und Pietisten herabschaut. Hart gingen die Aufklärer mit beiden ins Gericht. Auch unter Protestanten rege sich »mancherlei, was in seinem innersten Kern katholisch, geistig unfrei sei«, mäkelte der deutsche Philosoph Arnold Ruge (1802–1880) im 19. Jahrhundert.[13] Die Ausschließlichkeit der Pietisten sei das Katholische an ihnen. Auch im Protestantismus gab es breite Strömungen, die sich der Aufklärung widersetzten. Der Pietismus in seinen verschiedensten Spielarten war eine starke Gegenbewegung gegen die Aufklärung im protestantischen Deutschland. Mit der Auflehnung gegen die zentrale Autorität der Christenheit stellte sich im Protestantismus natürlich die Frage: An wen müssen wir uns dann halten? Leicht landete man dann beim Landesfürsten und beim Nationalstaat. Und dann wird es wirklich gefährlich.

Intellektuell redlich ist eine kritische Sicht der Moderne im Allgemeinen und der Folgen der Aufklärung im Besonderen. Denn die Moderne ist auch eine Erfolgsgeschichte der katholischen Kirche. Die Überlebenskraft des Katholizismus zeigte sich gerade in der Stunde bitterster Niederlagen: an der Wende vom 18. zum 19. Jahrhundert. Künstler der frühen Romantik wie Novalis, Caspar David Friedrich und die Brüder Schlegel entdeckten den Katholizismus als Freiraum vom kleinbürgerlichen Lebensstil. Deshalb setzte gerade um diese Jahrhundertwende eine Welle von Konversionen Intellektueller zum Katholizismus ein. Novalis' Essay *Europa oder die Christenheit* lässt etwas von ihrem inneren Feuer erahnen. Ausgerechnet der alte Goethe witterte »neukatholische Sentimentalität«[14] bei den jungen Romantikern. Als Spezialist für Sentimentalität hatte er einst mit den *Leiden des jungen Werther* einen bedeutenden, im deutschen Sprachraum einzigartigen Bestseller auf den Markt gebracht. Nun stand er im Alter den religiösen Empfindungen der Jugend mit Unverständnis gegenüber. Ein schlichtes Altersphänomen. Er hatte den Zug verpasst. Eine ernsthafte Auseinandersetzung mit dem Katholizismus verweigerten jedoch nicht nur deutsche Dichter, sondern auch preußische Historiker. In Heinrich von Treitschkes *Deutsche Geschichte* gipfelt gewissermaßen die Heilsgeschichte im Preußentum. Kleindeutsche Geschichtsschreibung sparte nicht mit antiklerikalen Seitenhieben. So taucht bei Treitschke Papst Gregor XVI. als der »hässliche Mann mit dem großen Fistelgeschwür auf der roten Nase«[15] auf. Und tatsächlich stimmt es: Gregor XVI. hatte ein Fistelgeschwür an der Nase. Das konnte allerdings auch einem protestantischen Superintendenten, ja, sogar Hohenzollernprinzen sehr wohl passieren.

Nördlich der Alpen wurde traditionell heftig mit Rom gestritten. So gestattete Papst Clemens XIII. schon 1760 qua Bulle die Verehrung der ohne Erbsünde empfangenen Jungfrau und Gottesmutter Maria als Patronin Spaniens. In Deutschland dagegen widersetzten sich Geistliche in der Mitte des 19. Jahrhunderts, als Papst Pius IX. das Dogma der Unbefleckten Empfängnis Mariens ankündigte. Die theologiegeschichtlichen Strömungen, die zur Dogmatisierung der Unbefleckten Empfängnis führten, sind im Wesentlichen erforscht. Tatsächlich tat man sich in der Zeit der Aufklärung besonders schwer damit, diese Lehre anzunehmen und zu verkünden. Dazu kam eine von Aufklärung und Rationalismus geprägte

Priesterausbildung, die weder einen wissenschaftlichen noch einen emotionalen Zugang zu dieser Lehre fand.

Die Volksfrömmigkeit war hier der wissenschaftlichen Diskussion weit voraus. Volksfrömmigkeit spielte aber auch immer eine gewichtige Rolle in der norddeutschen Christenheit. Die Distanz zu diesem Dogma war im Wesentlichen eine Distanz der aufgeklärten Spießer zu einer Glaubenswahrheit, die nicht in ihr rationalistisch verengtes Weltbild passte. Damit verbunden war die Angst, bei der Definition einer solchen Glaubenswahrheit von der Mehrheitsmeinung des protestantischen Deutschlands nicht mehr ernst genommen zu werden. Auch hier zeigt sich: Ein Dogma wirkt befreiend. Dogmen befreien vom Meinungsdruck und weiten den eigenen Blick. Dementsprechend werden damit auch zum Teil Grenzen des Verstandes aufgehoben.

Es gibt zwar eine breite Rehabilitationsgeschichtsschreibung des Modernismus, aber nur ganz vereinzelte Versuche, den Antimodernismus wahrheitsgemäß darzustellen, sofern er nicht gänzlich unterschlagen wird. Gerade in der Forschung über den Modernismus gibt es Schweigespiralen und Zitationskartelle. Viele Nachlässe ruhen in europäischen Archiven, mit denen noch manches Tabu gebrochen werden könnte. So geht die Forschung in der Regel darüber hinweg, dass theologische Antimodernisten sehr sensibel für Zeitprobleme, z. B. die soziale Frage, waren. Das »Monstrum« der Kirchengeschichtsschreibung, Monsignore Umberto Benigni (1862–1934), verkörpert den Antimodernisten schlechthin. Er schrieb bedeutende Arbeiten zur Soziallehre der Kirche und gründete das »Sodalitium Pianum«, eine Vereinigung von Priestern und Laien, die des Modernismus verdächtige Theologen beobachtete. Leben und Werk Benignis sind bis heute nicht wissenschaftlich erforscht, obschon sein Nachlass zugänglich ist. Ein Artikel über ihn war im neuen Lexikon für Theologie und Kirche offensichtlich nicht geplant. Schließlich fand er doch noch ein Plätzchen im Nachtragsband.

In der Regel haben Modernisten – im deutschen Sprachraum wurden sie verharmlosend »Reformkatholiken« genannt – auf die nationale Karte gesetzt: kaisertreu und romkritisch. Nicht selten ging es geradezu peinlich unter ihnen zu. Hermann Schell (1850–1906) unterschrieb Karten an seinen Lieblingsschüler gerne »mit deutschem Gruß«. Franz Xaver Kiefl (1869–1928), ein anderer Würzburger Theologe, zeigte einen geradezu ruppigen Nationalismus. Ein besonders erschütterndes Beispiel ist auch der berühmte Tübinger Theologe Karl Adam (1876–1966). Er warb offen für die Vereinbarkeit von Katholizismus und Nationalsozialismus, sogar bis zum Ende des Zweiten Weltkrieges. Die Reihe berühmter »Brückenbauer« ließe sich noch fortsetzen. Der amerikanische Historiker Derek Hastings behandelt in seinem 2011 erschienenen Buch *Catholicism & the Roots of Nazism, Religious Identity & National Socialism* die Frage, ob die Geburt des Nationalsozialismus in München, der »Hauptstadt der Bewegung«, nicht auch damit zusammenhing, dass München eben auch Hauptstadt des »Reform-Katholizismus« war. Er zieht Verbindungslinien vom reformkatholisch, nationalistisch geprägten intellektuellen Klima eines spezifisch Münchner Katholizismus zu den ganz frühen Anfängen des Nationalsozialismus: »Although both the Christian Social and Reform catholic movements contributed in open and direct ways to the membership of the early NSDAP.«[16] Während kaum eine Darstellung des

Modernismusstreits ohne Hinweis auf eine spätere Nähe Benignis zum Faschismus auskommt, wird die hier nur angedeutete Fragestellung systematisch in den üblichen Schweige- und Zitationskartellen versenkt. Eine einseitige Verherrlichung der Modernisten als Propheten und Vorläufer des Zweiten Vatikanischen Konzils ist schlichte und schlechte Rehabilitationshistoriografie. Jedenfalls hatten Antimodernisten wie Monsignore Benigni und auch der heilige Papst Pius X. einen schärferen Blick für die sozialen Nöte ihrer Zeit als viele ihrer gefeierten Gegenspieler.

Und auch die Laien haben den aufgeklärten Spießern ihrer Zeit Paroli geboten. Der Schriftsteller Chateaubriand (1768–1848) war die Spitze des katholischen Fortschritts. Die Konversion des Friedrich Leopold Graf zu Stolberg (1750–1819) zum Katholizismus war der Skandal schlechthin um die Wende vom 18. zum 19. Jahrhundert. Sein Werk hat bis heute Bestand. Gerade der Fall Stolberg wirft ein Licht auf die Grenzen aufklärerischer Toleranz. Wie gegen diesen tieffrommen, hochgelehrten und bis zu seiner Konversion auch renommierten Intellektuellen gewütet wurde, gerade von Geistern, die sich für aufgeklärt hielten, wäre eine eigene Untersuchung wert.

Es gibt ein kritisches Potenzial im Katholizismus, das immer unterschätzt und verschwiegen wird. Woher kam die Kritik an der kleindeutsch-preußisch-nationalistischen Lösung, unter der die Welt so leiden musste? Von den Ultramontanen. Der Dadaist Hugo Ball (1886–1927) ist Katholik geworden und hat wunderbare Bücher über die Geheimnisse des Glaubens geschrieben. Auch die Werke des Konvertiten Alfred Döblin (1878–1957) und das Lebenswerk Franz Werfels (1890–

1945) zeigen, dass die wirkliche Moderne nicht automatisch im Gegensatz zum Katholizismus steht: Er bietet nämlich das intellektuelle Instrumentarium zu einer Kritik jedweden Zeitgeistes, weil die katholische Kirche nie in ihrer Zeit aufging. Authentischer Katholizismus steht immer quer zu den ihn umgebenden Weltanschauungen – ob es Kommunismus, Kapitalismus, Liberalismus oder Nationalsozialismus ist. Keine dieser Ideologien hat den Katholizismus je absorbiert. Auch wenn sich eine zeitlich befristete Koexistenz ergeben sollte, ist der katholische Lifestyle in der Regel doch nicht zeitgeistkonform. Deswegen ist echt katholisch die wirkliche Alternative zum »eindimensionalen Menschen«. Der Katholik ist von Haus aus mehrdimensional.

Gegen Zeitgeisthedonisten helfen nur mutige und gelebte Argumente. Die Frage heute lautet: Darf der Mensch alles, was er kann? Die einzig sinnvolle Antwort heißt: nein. Gott ist für den Atheisten ein Restrisiko. Für den Glaubigen aber ist er die einzige Ressource, die wirklich unendlich ist. Gerade die Volksfrömmigkeit hat sich über Jahrhunderte als kritisches Potenzial in Kirche und Gesellschaft bewährt. In ihr wird etwas vom »sensus fidelium« – dem Glaubenssinn des Gottesvolks – und dem Wirken des Heiligen Geistes spürbar. Die Volksfrömmigkeit hat die Aufklärer und Pastoralisten aller Epochen stets zur Weißglut getrieben. Es ist eine höchst betrübliche Geschichte, wie katholische Aufklärer im 18. Jahrhundert mit der Volksfrömmigkeit umsprangen. Ausgerechnet Kaiser Joseph II., der »Erzsakristan« des Heiligen Römischen Reiches und vorgeblich glühender Verfechter von Freiheit und Toleranz, verstieg sich in Kleinkariertheiten: Seine Kaiserliche Majestät bestimmte sogar

»höchstderoselbst« die Anzahl der Kerzen, die auf dem Altar brennen durften. Da passten natürlich Wallfahrten, Kirchweihfeste und andere religiöse Feste überhaupt nicht mehr ins Neuspießertum des Reiches. Unerbittlich pochte der Kaiser auf die Steigerung des Bruttosozialprodukts. Nicht Geist und Toleranz, sondern schnöder Mammon zählte in aufgeklärten Amtsstuben. Das Volk sollte mehr arbeiten und weniger feiern. Ein tristes Jammertal wäre das irdische Dasein unter aufgeklärter Herrschaft geworden, hätte die katholische Kirche nicht die Ferien erfunden. Wallfahrten und die Teilnahme an den oft tagelang dauernden kirchlichen Festen waren die einzigen arbeitsfreien Zeiten, die es bis ins 20. Jahrhundert hinein für einfache Menschen in den ländlichen Gegenden Europas gab. Volksfrömmigkeit ist traditionell Befreiungstheologie. Welche emanzipatorische Kraft in ihr steckt, zeigt ein Blick auf manch verblichenes Porträt scheinbar aufgeklärter Bischöfe. Noch schwante dem ahnungslosen Volk nicht, wie rasch der Hebel im Namen der Toleranz umgelegt werden könnte, da wurde im Jahr 1783 ein schroffer Hirtenbrief nördlich der Alpen verfasst. Ganz unter dem Einfluss der Aufklärung hatte Clemens Wenzeslaus von Sachsen, der letzte Trierer Kurerzbischof und auch der letzte Fürstbischof von Augsburg, die Feder ergriffen und gegen Rosenkränze als »Kirchenplunder« polemisiert.[17] 1787 forderte die *Wienerische Kirchenzeitung* die Streichung des Skapulierfestes (Fest Unserer Lieben Frau vom Berge Karmel) und des Rosenkranzfestes.[18]

Auch im Erzbistum Köln wurde »aufgeklärt« durchgegriffen. 1826 verbot Erzbischof Ferdinand August Graf von Spiegel in einem Hirtenbrief das Wallfahren. Ganz in der Schule der Aufklärung stehend, verband er damit Müßiggang, Zeit- und Geldverschwendung. Doch wann haben sich rheinische Katholiken von ihren Oberhirten jemals etwas verbieten lassen? Auch Erzbischof Graf von Spiegel war sich des Gehorsams seiner Gläubigen keineswegs sicher. So bat er den preußischen Oberpräsidenten um Hilfe bei der Durchsetzung des Wallfahrtsverbotes. Selten hat es einen engeren Schulterschluss zwischen katholischer Kirche und weltlicher Obrigkeit gegen das Gottesvolk gegeben. Diese peinliche »Kampfgemeinschaft« von aufgeklärten Bischöfen und einer ebenso aufgeklärten Staatstheologie wurde von den Gläubigen schlicht ignoriert oder sogar offen abgelehnt.

Wallfahren war immer ein Ausbrechen aus vorgegebenen, starren Strukturen. Die Reformatoren, die innerkirchlichen Aufklärer des 18. Jahrhunderts, die Nationalsozialisten, die Kommunisten und auch die Liberalen fast aller Schattierungen wollten das Wallfahren unterbinden. Es funktionierte nicht. Wo Volksfrömmigkeit nicht gepflegt oder sogar zurückgedrängt wird, haben Aberglaube und esoterische Kulte Hochkonjunktur. Es entspricht den Traditionen europäischer Geschichtsschreibung, die Aufklärung zu positiv zu sehen. Man lese nach in einer Reisebeschreibung des protestantischen Berliner Schriftstellers Christoph Friedrich Wilhelm Nicolai. Am Ende des 18. Jahrhunderts wollte er die katholische Welt aus ihrem »Traume« wecken. Gegen Stagnation und Rückständigkeit des Katholizismus empfiehlt er die »Erleuchtung« durch das protestantische Deutschland.[19] Vorbilder dieser Erneuerung seien die Reformation und die Aufklärung. Als klassisches Urbild des gebildeten Spießers verdrängt Nicolai die Wirklichkeit. Polemische Unverschämtheiten wechseln sich mit stark rassistisch gefärbten Beschreibungen ab. In diesem Kontext ist Manuel Boruttas Studie *Antikatholizismus* von höchster Bedeutung. Sie zeigt anschaulich die Dialogverweigerung durch die Dialogapostel der Aufklärung und des Liberalismus. Im 19. Jahrhundert führte der aufgeklärte Liberalismus in Deutschland und Italien zu Klösteraufhebungen und teilweise gewaltsamen Vertreibungen von Mönchen und Nonnen bei massiver sozialer Stigmatisierung der katholischen Bevölkerung.[20]

Es gehört zu den Ironien der Geschichte, dass ausgerechnet im 18. Jahrhundert, im Frühling der Aufklärung, die abstrusesten Kulte blühten. So hin- und hergerissen waren Sinne und Verstand, dass man nachmittags beim Tee im Salon die Existenz Gottes leugnete und über die Kirche und ihr angeblich brutales Regime schimpfte. Und abends? Da gingen dieselben Herrschaften in malerischen Fantasiekostümen mit hochstaplerischen, pseudomittelalterlichen Ritterordensgraden in ihre Logen, tranken ihren Rotwein aus Totenköpfen und unterzogen sich den absurdesten Ritualen und Zeremonien. Da liegt die Frage nahe: Wer hat im 18. Jahrhundert und für das 18. Jahrhundert, das ja auch ein Jahrhundert der *Schwärmer, Schwindler und Scharlatane* (Rainer Schmitz, 2011) war, eine größere Breitenwirkung erzielt? Die Königsberger »Aufklärungsikone« Kant oder der sizilianische Hochstapler »Graf« Cagliostro? Es ist jedenfalls amüsant und bedrückend zu sehen, wie im Jahrhundert der Aufklärung Geheimkulte, Wunderheiler und Hochstapler Karriere machen konnten. Mit Klaus H. Kiefer kann man feststellen: »Cagliostro ist als Fall nur interessant, weil er kein Einzelfall war, sondern Exponent eines gesellschaftlichen Syndroms, einer Krise der Aufklärung – und Aufklärung selbst ist Krise.«[21] Klaus H. Kiefer teilt uns auch ein schönes Goethezitat mit: »Wer hätte geglaubt, dass Rom einmal zur Aufklärung der Welt, zur völligen Entlarvung eines Betrügers so viel beitragen sollte, als es durch die Herausgabe jenes Auszugs aus den Prozessakten geschehen ist.«[22]

Die Geschichte des Jahrhunderts der Aufklärung lässt sich mit einem Satz Chestertons gut charakterisieren. »Der Verlust des gesunden Menschenverstandes ist die erste Auswirkung des Unglaubens.«[23] In der Tat: Wer nicht an Gott glaubt, glaubt nicht an nichts, sondern an alles Mögliche.

Die »Aufklärung« wurde zu einem ausschließlich positiven Schlüsselwort der Moderne. Unkritische theologische Aufklärungsromantiker behaupten, die Kirche sei 200 Jahre zurückgeblieben. Der Kritiker an solchen Positionen muss sich dann als alberner Medienprälat, der sich selbst in einer »pseudobarocken Einmannshow inszeniert«, bezeichnen lassen. All das im Namen der Dialogbereitschaft.

Der Frage »War das 18. Jahrhundert ein Jahrhundert jenseits der Aufklärung?« widmen die »Mitteilungen der deutschen Gesellschaft für die Erforschung des achtzehnten Jahrhunderts« ein ganzes Heft[24]. Die Nachtseite der Aufklärung, die »dunkle Aufklärung«, von der die in Wolfenbüttel erscheinenden Mitteilungen sprechen, wird ebenso wie die Arbeiten von Klaus H. Kiefer, Monika Neugebauer-Wölki, Sabine Doering-Manteuffel oder anderen Forschern im innerkirchlichen, theologischen und kirchenhistorischen Diskurs schlicht ignoriert! Die »Aufklärungs-Enzyklika« von Papst Pius VI. »Inscrutabile divinae sapientiae« (25.12.1775) ist in den Tiefen des Bullarium Romanum versenkt worden und erst seit 1994 einem breiteren Kreis sogar zweisprachig (lateinisch und italienisch) zugänglich.[25] Methodisch, aber auch inhaltlich ist der katholische Aufklärungsdiskurs im Grunde bei Sebastian Merkles Herrenhausrede (vgl. S. 52 f.) stehen geblieben. Aufklärung wird eben nicht historisch »kontextualisiert« wie andere Denkstile, ja, Aufklärung gilt sogar als Wundermittel zur Religionszähmung und wird deshalb dem Islam dringend anempfohlen. Hier wird die Aufklärung zu einem imperialistisch-kolonialistischen Rezept für außereuropäische Kulturen. Dem europäischen Prozess der Aufklärung ist ein totalitärer Zug durchaus nicht fremd: »Revolution und Katholikenverfolgung haben ihren Ursprung in den Gelehrtenstuben der Aufklärung und in den philosophisch-literarischen Salons, wo sich die Enzyklopädisten trafen.«[26]

Voltaire und seine Jünger wussten sehr wohl, wie das Wort »brutalité« buchstabiert wird. Die Aufklärung – ihre Verdienste sollen nicht geleugnet werden – führte zur Französischen Revolution. Der Französischen Revolution erging es beinahe wie der Aufklärung. Auch sie wollte eigentlich nur das Beste – und zwar für möglichst alle Menschen. Im Namen von Freiheit, Gleichheit, Brüderlichkeit wurde dann allerdings eine Wohlfahrtsdiktatur mit Tugendterror errichtet. Mit dem Völkermord in der Vendée erreichte der Große Terror seinen tragischen Höhepunkt, nachdem sich im Frühjahr 1793 die Landbevölkerung der in Westfrankreich gelegenen Region Vendée den Truppenaushebungen des Pariser Konventes widersetzt hatte. Die Gegenrevolution endete in einem Massaker. Rache statt Freiheit beschlossen die Jakobiner. Am Ende kamen die »Höllenkolonnen«, um aus der Vendée einen Friedhof zu machen. Infolge der Aufklärung kam es zur brutalen

Diktatur von Napoleon Bonaparte. Ganz Europa beglückte der selbstgekrönte Korse mit halbrevolutionären Vorstellungen. In der Nachanalyse kommt man nicht daran vorbei: Die Aufklärung hat eine direkte Mitschuld am revolutionären Terror und auch an den quasi manisch-militärisch-missionarischen Aktivitäten eines Napoleon. Auch hier stoßen wir an ein historisches Tabu des aufgeklärten Spießertums. Es ist darum eine schlichte Frage des Mutes und nicht des Intellekts, gängige historische Urteile unter die Lupe zu nehmen. Auch die Aufklärung hat eben ihre dunklen Seiten. Diese dunklen Seiten sind in der Folgegeschichte leider zum Teil handlungsleitend geworden. Das sollte man deutlich sehen und sagen dürfen. Ein skeptischer Blick auf die Moderne ist darum kein Selbstschutz frommer Modernisierungsverlierer. Für diese Art Selbstschutz gibt es überhaupt keine Notwendigkeit, denn die eigentlichen Modernisierungsverlierer waren die Erben der Aufklärung mit ihren bizarren Abendritualen und ihrem Tugendterror.

Knapp zweihundert Jahre nach dem Scheitern Napoleons sind die Tabus allerdings noch lange nicht beseitigt. Wegsehen, Verschweigen und An-den-Rand-Drängen gilt auch heute als probates Mittel angesichts von Verfolgungen und Diskriminierungen, sei es in der Gegenwart oder in der Geschichte. Egal, ob es sich um den Völkermord an den Armeniern handelt, egal, ob christliche Stätten für politische oder private Zwecke missbraucht werden: Kunstfreiheit geht vor Glaubensfreiheit. Der leichtfertige Umgang mit religiösen Gefühlen in der Kunst stellt eine banale Form aufgeklärten Wegschauens und Verschweigens dar.

Bis heute lohnt sich darum die Lektüre katholischer Antimodernisten des 19. und 20. Jahrhunderts. Einen scharfen Blick für die heilsame Wirkung des Katholizismus auf die Gesellschaft besaß der spanische Politiker Donoso Cortés. Sein Gesamtwerk bietet manches Aha-Erlebnis für die moderne Zeitanalyse. So wandte er sich gegen zwei irrtümliche Auffassungen des aufgeklärten Spießertums: »Die erste besteht in der Meinung, der Katholizismus und die Freiheit müssten, um eins zu sein, Verträge und Bündnisse miteinander abschließen, und die zweite besteht in der Einbildung, die gegenwärtige Zivilisation und die Freiheit seien ein und dasselbe.«[27] Und auch Augustin Barruel (1741–1820) mit seinen *Mémoires pour servir à l'histoire du jacobinisme* lässt sich nicht einfach als tumber Verschwörungstheoretiker abtun. Es gab sie ja tatsächlich: die Gemeinschaft, die sich als »Geheime Kirche im 18. Jahrhundert« fühlte, so der Untertitel einer Studie über »Religion und arkane Hierarchie«. Auch den Wilhelmsbader Freimaurer-Konvent (1782) gab es wirklich. Es sind keine Erfindungen von Verschwörungstheoretikern.[28] Erst ganz langsam kommt sie in Gang, die Erforschung der Schattenseiten der Aufklärung. Gerade die Wolfenbütteler Studien zur Aufklärung tragen dazu maßgeblich bei. Die *Ennemies of the Enlightenment* sind immer noch stigmatisiert[29], wie wir ja schon gesehen haben. Die katholische Kirchengeschichtsschreibung und ihre in Katholischen Akademien eifrig betriebene Popularisierung sind auf dem Stand von 1908 stehen geblieben. Am 12. August jenes Jahres hielt der katholische Kirchenhistoriker Sebastian Merkle (1862–1945) im Sitzungssaal des Preußischen Herrenhauses (!) einen Vortrag über die katholische Beurteilung des Aufklärungszeitalters. Für Merkle waren die Probleme der Aufklärung Gegenwartsanliegen seiner Zeit. Merkles Sicht der Aufklärung wurde zum Gründungsdokument einer Rehabilitationshistoriografie des Aufklärungszeitalters für katholische Historiker. Der begnadete Quelleneditor zur Geschichte des Tridentinums gab ausgerechnet im Preußischen Herrenhaus den Grundtakt für die weitere Erforschung der Aufklärung vor. Dreißig Jahre nach seiner Rede konnte er sich selbst in einem Brief an den nationalsozialistischen Reichswissenschaftsminister als einen Mann schildern, der »Jahrzehnte hindurch unter den schwersten Kämpfen gegen den in zwei Bischöfen – der jetzige ist ein Jesuitenzögling! – verkörperten Ultramontanismus seine deutsche Gesinnung behauptete, seine Zuhörer aller Gegenwirkung zum Trotz zu jubelnder Begeisterung für seine Person und damit auch für das Dritte Reich erobert hat«.[30] Diese Sicht des prozessfreudigen Würzburger Kirchenhistorikers wurde so verinnerlicht, dass eine tiefer gehende Auseinandersetzung mit der Aufklärung und ihren Reformen bis heute kaum möglich ist. Abweichende Meinungen von der im Preußischen Herrenhaus verkündeten Position werden in Schweigespiralen und Zitationskartellen versenkt.

Darum fehlt zum Beispiel auch eine Auseinandersetzung mit dem brillanten kolumbianischen Aphoristiker Nicolás Gómez Dávila (1913–1994). Er hat es verstanden, komplexe geistesgeschichtliche Entwicklungslinien in kurzen Aphorismen auf den Punkt zu bringen. Wenn er sich der christlichen Tunika und der klassischen Toga entledige, bleibe vom Europäer nichts übrig als ein bleichgesichtiger Barbar, schrieb er einmal.[31] Jerusalem, Athen, Rom – diese drei geografischen Namen stehen in seinem Werk auch für eine Geografie der Kultur, des Geistes und des Glaubens. Die Harmonie dieser drei findet sich im Katholizismus. Darum muss der Katholizismus dialogfähig bleiben, um in jeder Weltanschauung, die ihm im Laufe der Geschichte begegnet, das Körnchen Wahrheit zu finden, das es zu pflegen gilt. Ein wirklicher Dialog ist eben nur dann möglich, wenn ich die Defizite des Dialogpartners klar erkenne. Dabei kann man sich durchaus auf dessen positive Ressourcen konzentrieren.

Das ist der Weg, den das Zweite Vatikanische Konzil beschritten hat. Zu ihm gibt es heute kaum eine Alternative. Dieser Weg setzt aber ein gesundes katholisches Selbstbewusstsein voraus. Der authentische Schlüssel für die Interpretation des Konzils findet sich in der *Nota praevia* der Kirchenkonstitution *Lumen Gentium* und dem marianischen Titel »mater ecclesiae«. Über »Gaudium et spes«, Freude und Hoffnung, den ersten Worten der danach benannten Pastoralkonstitution, dürfen »luctus et angor«, die folgenden Worte, nicht vergessen werden. Freude und Hoffnung, Trauer und Angst: auch hier zeigt sich der Katholizismus als eine Religion des Gleichgewichts, des et-et und nicht des aut-aut.

Nichts ist daher spießiger als der antikatholische Affekt!

CLERICAL CORRECTNESS & DAS ELEND DER PASTORALBÜROKRATIE

Alle rufen nach Reformen in der Kirche. Nur über die Zielgruppe ist man sich nicht einig. Mit einem schiefen Blick nach Rom macht man es sich allzu einfach. Worin besteht das Geheimnis einer echten katholischen Reform? Der richtige Zeitpunkt ist immer heute. Die richtige Zielgruppe ist jeder Einzelne selbst. Alle müssen sich selbst ständig reformieren. Das beste und unfehlbarste Reforminstrument bleibt die heilige Beichte. Das Bußsakrament steht am Anfang jeder echten Kirchenreform. Eine Reform der Kirche ohne Bußsakrament wäre wie alkoholfreies Bier. So reformbedürftig ist die Kirche, dass sie Erneuerung als ihr Attribut ansieht: *ecclesia semper reformanda.* Der chronische Reformbedarf der Kirche betrifft eine Reform der Herzen.

Es gibt einen roten Faden, der sich durch die katholische Reformgeschichte zieht: Die gregorianische Reform im Mittelalter zum Beispiel, die Reformen infolge des Konzils von Trient und die Reformen unter den Piuspäpsten sind Prototypen erfolgreicher Reformbestrebungen innerhalb der Kirche.

Sie zeigen das katholische Erfolgsrezept für Reformen: Keine Reform ohne größere Nähe zum Papst, dem Stellvertreter Jesu Christi auf Erden, Nachfolger des Apostels, Diener der Diener Gottes. Die Päpste haben die christliche Frömmigkeit vertieft und damit auch eine größere Vielfalt an Frömmigkeitsformen unter den Gläubigen wachsen lassen. Wirklich durchgesetzt haben sich in der Kirchengeschichte die Reformen, die das Papsttum mit eingeschlossen haben. Und noch etwas haben zweitausend Jahre katholischer Erfahrung zutage gebracht: Reformen sind nur in einem tiefen Vertrauen in die Geschichtskraft der Institution Kirche möglich. Genau daran fehlt es heute den Pastoralplanern. Munter und fortwährend Forderungen zu stellen und sich zugleich an überkommenen Strukturen festzuklammern ist noch kein Ausgangspunkt für eine Reform der Kirche.

Darum darf man immer wieder darüber staunen, wie viele der landauf, landab geforderten Neuerungen im Grunde alte Hüte sind. Bei manchen Memoranden, Unterschriftenlisten und Protestaufrufen meint man, im falschen Jahrhundert zu leben – nämlich im 17. oder 18. Jahrhundert. »Heute ist nichts mehr in Mode als die Kritik«[32], schrieb der gelehrte französische Benediktiner Dom Jean Mabillon (1632–1707) im 17. Jahrhundert: »Oft jedoch missbraucht man sie und nimmt sich Freiheiten, welche für den Geist nicht weniger schädlich sind als der Irrtum und die Unwissenheit. Man trifft kühne Urteile je nach Laune und Eingebung, ohne den Sachverhalt näher zu untersuchen. […] Nicht einmal die Glaubenssätze sind vor der Kritik sicher. Manche urteilen über einen Glaubenspunkt mit größerer Selbstsicherheit, als es ein Konzil machen könnte. Vielleicht liegt darin eines der Übel unseres Jahrhunderts. Die früheren Jahrhunderte sündigten durch ein Übermaß an Schlichtheit und Leichtgläubigkeit. Doch in diesem Jahrhundert möchten die angeblichen Freigeister nichts für wahr annehmen, das nicht zuvor vor ihrem Richterstuhl beurteilt wurde.«[33] Die Geschichtskenntnisse vieler Pastoralplaner halten sich in überschaubaren Grenzen. Ablesen lässt sich das an den Reformen, die sie fordern. Einfach peinlich ist es, heute die Schlachten von vorgestern und vorvorgestern noch einmal neu zu schlagen. Eine echte Erneuerung kann immer nur durch die Rückbesinnung auf die Geschichte erfolgen.

Die katholische Kirche ist von ihrem Wesen her angelegt auf historische Ereignisse in der Vergangenheit – die Menschwerdung Gottes in Jesus Christus, seinen Opfertod am Kreuz und seine Auferstehung von den Toten. Sie verdankt ihre Existenz den Ereignissen um die konkrete historische Person Jesus Christus. Und eine Institution, die sich von den Verpflichtungen ihrer Geschichte lösen wollte, wäre zum Untergang verdammt. Das ist die Kirche aber nicht. Im Gegenteil: Christus hat ihr verheißen, dass die Pforten der Hölle sie nicht überwältigen werden. Christen müssen sich daher immer wieder auf die Geschichte der Kirche besinnen und aus ihr Kraft schöpfen. Der geschichtsbewusste Katholik lernt so, die Gegenwart auszuhalten und zu gestalten, was auch bedeutet: Zukunft gestalten. Nachfolge Christi heißt auf keinen Fall, etwas Vergangenes kopieren, sondern aus der Kraft der Vergangenheit etwas Lebendiges für die Zukunft gestalten.

Viele Reformvorhaben, viele Bemühungen um Erneuerung kranken allerdings an einem Mangel an Geschichtsbewusstsein ihrer Urheber. Die Probleme, vor denen die Kirche heute steht, sind zum großen Teil strukturell gesehen nichts Neues. Wenn katholische Politiker hierzulande vom Klerus ein offenes Ohr für dogmatisch grenzwertige Konzepte für eine Kirchenreform erwarten, zeigen sich Parallelen zu den Monarchien im 18. und 19. Jahrhundert. Aristokraten pflegten der Kirche immer gern vorzuschreiben, was sie gerade für opportun hielten. Vor allem der Josephinismus war ein massiver Versuch, in die Kirche hineinzuregieren. Wenn heute Feiertage reduziert werden sollen, um die Staatskasse zu füllen, sind wir schon wieder im 18. Jahrhundert. Deshalb schwanke ich immer zwischen Amüsiertheit und Langeweile, wenn Politiker wieder einmal meinen, sie hätten eine besonders tiefe Einsicht in das, was für die Kirche gerade notwendig wäre. Und wenn Politiker meinen, das Vaterunser noch einmal neu formulieren zu müssen, dann wird mir klar, dass das *Confiteor* für diese Leute ein Fremdwort ist. Sich an die eigene Brust zu klopfen gehört eben nicht zum Repertoire einer in Theologie dilettierenden Politikerkaste.

In Pastoralplänen und Stellungnahmen kirchlicher Gremien taucht es nur selten auf: das Wort Bekehrung. Es gehört zu den großen Abwesenden bei vielen Sitzungen und Positionspapieren aus der Welt katholischer Stuhlkreise. Daraus dürfen die Gläubigen Rückschlüsse auf deren Glaubwürdigkeit ziehen. Einerseits sprechen wir immer vom missionarischen Wesen der Kirche und von der Neuevangelisierung, andererseits scheut man sich vor der Einsicht: Es gibt keine Mission ohne Bekehrung. Ziel der missionarischen Kirche ist die Bekehrung zum christlichen Glauben – sonst nichts. Zur Neuevangelisierung gehört auch die Selbstevangelisierung. Bekehrung als

Leitmotiv und Zielvorgabe einer missionarischen Kirche sollte wieder deutlicher formuliert werden. Auch kirchliche Verlautbarungen und einschlägige Stellungnahmen auf Katholikentagen schwelgen mitunter in der verschwurbelten Konsensterminologie politischer Kompromisspapiere. Allerdings dürften Regale voller Aktenordner mit Reformvorschlägen aus den Büros der Pastoralplaner die meisten Katholiken nicht sonderlich beeindrucken. Ein großer Teil der »einfachen Gläubigen« bekommt davon sowieso nicht allzu viel mit. Das Ganze ist das Selbstgespräch einer Funktionärskaste, die sich als Vor- und Querdenker versteht und ganz nebenbei auch noch hingebungsvoll Pfründensicherung betreibt. Es ist das Hintergrundrauschen des Zeitgeistes. Trotz der großen Öffentlichkeit hält sich die Bekanntheit in Grenzen.

Allerdings zieht sich durch den Lauf der Kirchengeschichte die Spannung zwischen dem, was wir salopp »progressiv«, und dem, was wir »wertkonservativ« nennen könnten. Die katholische Kirche stand immer in Auseinandersetzungen mit den politischen Herrschaftsformen, die sie umgaben. Sie wurde von jeder Herrschaftsform mehr oder weniger bekämpft und missbraucht. Kirchengeschichte lässt sich durchaus als Widerstands- oder Resistenzgeschichte lesen. Es gab immer die *zelanti* und *politicanti*, auch und gerade in der römischen Kurie. Wozu sich also Sorgen machen, wenn es an Bord des Kirchenschiffes etwas lauter zugeht? Jeder ob der innerkirchlichen Zersplitterung der Weltanschauungen besorgte Christ kann sich trösten. Die katholische Kirche hat zu Beginn des 20. Jahrhunderts den Modernismusstreit überstanden. Sie wird auch mit dessen Spätausläufern fertig werden.

Was vor gut hundert Jahren als Reformkatholizismus galt

und jede Menge Unruhe in die Kirche trug, hat die Katholiken schon Jahrzehnte vor dem Zweiten Vatikanischen Konzil polarisiert. Manche der Bewegungen von gestern haben sich über das Konzil hinaus konserviert. Deswegen tut derjenige dem Konzil beweisbar unrecht, der die inneren Zerreißproben auf das Konzil zurückführt. Die katholische Kirche hat in den vergangenen fünfzig Jahren bemerkenswerte Ansätze für die Verwirklichung des Zweiten Vaticanums erlebt, aber auch dessen selektive Auslegung.

Deshalb ist die Debatte um die »Hermeneutik des Bruchs« so wichtig. Sie zeigt eine große Koalition von Erzbischof Marcel Lefebvre und Hans Küng. Beide sind der Meinung, das Konzil bedeute einen totalen Bruch mit der Vergangenheit. Das ist es natürlich nicht. Die Kirche hat sich nie von ihrer zweitausendjährigen Tradition verabschiedet. Und die Konzilsväter haben auch nicht die »Stunde null« ausgerufen. Für das Konzil gilt die »Hermeneutik der Kontinuität«. Wir stehen heute fest auf den Schultern von Generationen gläubiger Katholiken vor uns. Nur in der historischen Perspektive kann sich somit das Zweite Vatikanische Konzil erschließen. Die Kirche hat spätestens seit dem 18. Jahrhundert im Abwehrkampf gegen alle Zeitgeistströmungen gestanden. Sie hat sich dabei auf die Stabilisierung des katholischen Milieus, auf Verteidigung der Glaubenswahrheiten festgelegt und damit auch große Erfolge erzielt. Zugleich wurden aber nach dem Ersten Weltkrieg die ersten Anzeichen der Auflösung des katholischen Milieus deutlich. In einer Instruktion an die Bischöfe schritt das Heilige Offizium 1927 gegen literarischen Trash ein – und sei dieser noch so gut geschrieben und an modernen psychologischen Erkenntnissen ausgerichtet. Gewarnt wurde

»vor unzüchtigen Liebesgeschichten« gepaart mit einem religiösen, aber ganz falschen Mystizismus; »als ob sich der Glaube mit der Außerachtlassung oder vielmehr mit der unverschämten Leugnung moralischer Normen vertragen und die Tugend der Frömmigkeit sich mit der Sittenverderbnis verbünden könnte.«[34]

Zehn Jahre später, 1937, rügte das Heilige Offizium die freischaffenden liturgischen Künstler: »Jedermann weiß, dass derartige neue Gottesdienst- und Andachtsformen, nicht selten lächerlich, gewöhnlich wertlose Nachahmungen oder auch Verschlechterungen ähnlicher bereits rechtmäßig bestehender Formen, gerade in der letzten Zeit an mehreren Orten täglich vermehrt und unter den Gläubigen verbreitet werden zum großen Erstaunen und unter bitterer Schmähung der Nichtkatholiken.«[35] Und wiederum zehn Jahre später, 1947, wandte sich Pius XII. in seiner Enzyklika *Mediator Dei* gegen das Treiben der vom Modernismusvirus infizierten Pastoralplaner. Im päpstlichen Klartext hieß das: »Giftfrüchte, die an faulen Zweigen des gesunden Baumes reifen«.[36]

Vor- und nachkonziliare Fehlvorstellungen von Reformen in der Kirche ähneln sich teilweise verblüffend. Was Pius XII. schon vor über 60 Jahren ein Dorn im Auge war, braucht sich darum heute kein Katholik als innovativen Ansatz einer pastoralen Strukturreform verkaufen zu lassen: »Gestattet vor allem nie – was unter dem Vorwand liturgischer Erneuerung oder in dem oberflächlichen Glauben, nur die liturgischen Funktionen besäßen Kraft und Würde, gewisse Leute anstreben –, dass die Kirchen außerhalb der öffentlichen Gottesdienstzeiten geschlossen bleiben, wie es in gewissen Gegenden Brauch geworden ist; dass die Anbetung des allerheiligsten Altarssakramentes und die Besuche vor den eucharistischen Tabernakeln vernachlässigt werden; dass von der Andachtsbeichte abgeraten und die Verehrung der allerheiligsten Jungfrau, die nach dem Urteil heiliger Männer ein Zeichen der ›Auserwählung‹ ist, bei der Jugend vor allem in den Hintergrund gedrängt wird, sodass sie allmählich abnimmt und dahinschwindet.«[37]

Schon Jahrzehnte vor dem Konzil kam die Kirche nicht mehr daran vorbei, sich in völlig anderen Formen mit ihrer Umgebung auseinanderzusetzen. Auf dieser Linie liegt das prophetische Anliegen des seligen Papstes Johannes XXIII. Es ist heute so aktuell wie in den Sechzigerjahren. Der Papst wollte sich bei den Strömungen der Gegenwart nicht auf das Negative konzentrieren, sondern in der Fülle der Defizite auch das Positive suchen und es zur Sprache bringen. Es ging ihm um einen ressourcenorientierten Dialog mit den Strömungen des Zeitgeistes. Das erfordert natürlich auch ein ganz neues Instrumentarium. In einer solchen Auseinandersetzung ist es nicht in erster Linie notwendig, zu definieren und abzugrenzen, sondern hier können auch ergebnisoffene Dialogangebote gemacht werden. In Sprache, Stil, Adressat und Zielrichtung unterscheiden sich daher die Konzilstexte des Zweiten Vaticanums von anderen Lehramtsdokumenten. Eine solche Auseinandersetzung mit den gegenwärtigen Zeitströmungen ist 50 Jahre nach dem Zweiten Vaticanum keinesfalls überholt. Bis heute versucht die Kirche, an die positiven Seiten anzudocken und dort mit den Menschen ins Gespräch zu kommen, ohne die negativen Seiten zu übersehen. In dieser historischen Perspektive lässt sich vieles gelassener beurteilen. Darum hat Papst Benedikt XVI. bei seiner Begegnung mit Jugendlichen in Luanda 2009 kein Brainstorming für pastorale Strukturreformen, sondern die Lektüre der Kirchengeschichte empfohlen.[38]

Auf den ersten Blick mag es paradox wirken: Trotz einer nie da gewesenen Fülle an Versuchen, den christlichen Glauben professionell und zwangfrei zu vermitteln, scheitern viele pädagogisch ausgeklügelte Angebote. Bei immer mehr Kindern und Jugendlichen erlahmt das religiöse Interesse rasch. Die Reizüberflutung der Gegenwart allein erklärt sicher nicht alles. Lehre und Katechese gehören auf den Prüfstand. Wir hatten in Deutschland noch nie so viele Theologieprofessoren, theologisch ausgebildete, qualifizierte Religionslehrer und Laien wie heute. Obwohl Schüler in öffentlichen deutschen Schulen das ungewöhnliche Privileg des konfessionellen christlichen Religionsunterrichtes genießen, ist der Erfolg oftmals bescheiden. Man weiß allenfalls, dass Mohammed der Prophet ist und dass es keinen Gott außer Allah gibt. Viele Klagen über die Verdunstung des Glaubenswissens werden offen oder nur hinter vorgehaltener Hand geäußert. Dabei kann von Verdunstung in vielen Fällen eigentlich keine Rede sein: Verdunsten kann ja nur, was ursprünglich einmal da gewesen ist. Das abrufbare Glaubenswissen gerät jedoch seit über 40 Jahren zunehmend ins Aus. Der Katechismus ist im Religionsunterricht ein höchst seltener Gast. Stattdessen hat sich unter deutschen Schuldächern und hinter den Mauern Katholischer Akademien der Trend zur Marginalisierung des Glaubenswissens zugunsten einer diffusen Wertevermittlung eingenistet. Wer im Religionsunterricht zwar alles über den Umweltschutz und den Weltfrieden erfährt, aber nichts über das Geheimnis der Eucharistie, von dem kann niemand erwarten, dass er zu den Sakramenten der Kirche eine Beziehung findet. Und im Zeitalter der »Bauer sucht Frau«-Shows und der fortgesetzten Patchwork-Lügen geht Jugendlichen, die im Religionsunterricht nie etwas über die katholische Ehe erfahren haben, auch kein Licht über die Tragweite, Bedeutung und Schönheit dieses Sakraments auf.

Ignoranz und nicht die bewusste Ablehnung des Glaubens lastet auf den Biografien vieler Jugendlicher. Dieser Unkenntnis ist nach meiner Erfahrung nur durch eine klare Ansage und ein deutliches Profil beizukommen. Darum ist das Katholische auch immer antispießig, ja avantgardistisch. Wir sind der Gegenwart immer voraus.

Die öffentliche Aufmerksamkeit für Strukturreformen und innerkirchliche Streitthemen hat etwas Weltfremdes und Irrationales für jeden, der mit der weltumspannenden Kirche denkt und fühlt. Allein die seit Jahren wachsende Zahl der verfolgten Christen in aller Welt ist beschämend. In Nigeria brennen immer öfter Kirchen. In Ländern wie Nordkorea und Pakistan werden Christen offen verfolgt. Schon der selige Johannes Paul II. hat das 20. Jahrhundert das Jahrhundert der Märtyrer genannt und damit die kirchliche Wirklichkeit im 20. Jahrhundert sehr genau charakterisiert. Keine Epoche der Kirchengeschichte, auch nicht die ersten Jahrhunderte der frühen Kirche, hat mehr Märtyrer hervorgebracht als das 20. Jahrhundert. Und auch im 21. Jahrhundert ist bisher kein Licht am Ende des Tunnels in Sicht. Manche Diskussionen wirken daher schlicht skandalös. Man redet über Frauenpriestertum, über Strukturreformen, Zuständigkeit von Räten und Gremien, man beschäftigt sich unermüdlich mit sich selbst – und das vor dem Hintergrund einer leidenden und verfolgten Kirche. Die alten Klagelieder wirken absurd und töricht angesichts brennender Kirchen. Über die Unverhältnismäßigkeit binnenkirchlicher Klagen hierzulande wird viel zu selten gesprochen. Für die Resignation vieler Gläubiger in Not werden auch jene Christen einmal Rechenschaft ablegen müssen, deren lähmendes Desinteresse den Leidenden das Gefühl gab, vergessen worden zu sein. Wir brauchen daher Priester und Katecheten, die die Rede von Bestrafung und Gericht noch nicht aus ihrem Repertoire gestrichen haben.

Maximale Toleranz gegenüber nahezu jeder Form christlicher Pflichtvergessenheit – die Kirchensteuerpflicht selbstredend ausgenommen – gehört zum akzeptierten Verhaltenskodex pastoralbürokratischer und klerikaler Korrektheit. Vor einigen Jahren kursierte die schöne Geschichte von einem Domkapitular, der bei einer Firmung das Sonntagsgebot erwähnte. Welch kühnes Unterfangen. Als er die Gemeinde daran erinnerte, dass derjenige eine Sünde begehe, der die Sonntagsmesse freiwillig versäume, gab es einen mittleren Aufstand. Das gesamte Protestrepertoire wurde durchgespielt. Ein pastoraler Supergau. Es ist festzuhalten: Gericht, Fegefeuer und die Existenz der Hölle sind strikt tabu für jeden Theologieprofessor, Pfarrer und Religionslehrer, sofern er im Reich der Pastoralbürokraten kommod leben will. Auch nachkonziliare Errungenschaften wie die Neuordnung des Ablasswesens durch Papst Paul VI. im Jahr 1967 fallen unter das ungeschriebene Schweigegebot. Selbst in traditionell katholischen Gegenden ist gut beraten, wer diese Themen in Predigt, Religionsunterricht und Katechese nicht allzu oft anschneidet. Seitdem der Lebenshilfejargon in die kirchliche Verkündigung Einzug gehalten hat, lässt sich die Flucht vor dem Anspruch einer authentischen biblischen Verkündigung nicht zuletzt auch an der Behandlung der Lehre von den »Letzten Dingen« ablesen.

Hier liegt zudem heute auch der kleinste ökumenische Nenner, denn Verlautbarungspastoral und Kuschelkatechese haben zu jener »Verwohnzimmerung« der Kirche beigetragen, gegen die sich der ehemalige Ratsvorsitzende der Evangelischen Kirche in Deutschland, Wolfgang Huber, entschieden verwahrt.[39] Nur, wer um seine Sündhaftigkeit weiß, kann von ihr befreit werden. Es gibt in der Alltagssprache eine Verniedlichung der Sünde. Die Werbung belehrt uns über angebliche Diätsünden. Gleichzeitig wird aus der Seelsorge Pastoral und aus der Frömmigkeit Spiritualität, und so kommt es zu einem neuen Vokabular im kirchlichen Alltag. Sünde im klassischen Wortsinn kommt da nicht mehr vor. Auch die Vokabel Seele hat keine Konjunktur. Viel Papier wird an der Realität der Seelsorger vorbei produziert. Es gibt eine Wagenburgmentalität des Akademie- und Rätekatholizismus. Auch wenn ihre Vertreter den Dialog fordern, sind sie in der Praxis oft genug Dialogverweigerer. Ein echtes Zeichen des innerkirchlichen Dialogs wäre beispielsweise eine diskrete Wallfahrt des Zentralkomitees der deutschen Katholiken zu einem Marienwallfahrtsort. Das dürfte manchen Blick über den Tellerrand hinaus ermöglichen. Aber alle verordneten Dialoge sind in der Regel Selbstgespräche einer im wörtlichen Sinn geschlossenen Gesellschaft. Es sind Parteitage der Selbstreferenzialität. Die Fragen der kirchlichen Basis bleiben außen vor: Wie viele Räte brauchen wir überhaupt? Und was kosten die Räte den Kirchensteuerzahler eigentlich? Welche Summen werden in den bundesweiten Dialogprozess gesteckt? Wie viel Geld gibt die Kirche für Gremienwahlen aus? Welche Art von Evaluation gibt es hier? Wer sich über eine 120-Quadratmeter-Wohnung eines Bischofs aufregt, sollte sich auch einmal nach den Kosten des Dialogprozesses erkundigen.

Nicht nur auf Fragen nach Sinn, Transparenz und Glaubwürdigkeit katholischer Gremien reagiert der katholische Mainstream erfahrungsgemäß jedoch ausgesprochen empfindlich. Verstöße gegen die *clerical correctness* riskiert der unbedarfte Katholik mit moraltheologischen Positionen, die sich mit den landläufigen Vorstellungen von Sexualität nicht vereinbaren lassen. Permanente Froststarre herrscht mancherorts auch, wenn die Rede auf das katholische Profil der Kirche kommt. Der Ärger ist vorprogrammiert für jeden, der unter geistlichen Berufen in erster Linie Ordens- und Priesterberufe versteht und das auch so sagt. Besonders empfindlich sind in der Regel die Religionspädagogen sowie deren Leitungs- und Schulungsapparate. Die theologische Bildung von Religionspädagogen sei oftmals beschränkt, hat Hans Conrad Zander – gewiss kein »rechter Fundamentalist« – in einem köstlichen Buch über die Heilige Inquisition einmal scharfsichtig bemerkt. Dennoch werden selbst zarteste Anspielungen auf eventuelle Defizite in der modernen Religionspädagogik meist rigoros abgeblockt. Hier formieren sich Macht und eine angemaßte »Mündigkeit« zu einer Dampfwalze, die jede Kritik »plattmacht«.

Die Floskel vom mündigen Christen gleicht ohnehin einer seifigen Blase am Horizont des deutschen Pastoraljargons. Noch hat kein Konzil Mündigkeit zum vernünftigen Ziel eines Christenmenschen ausgerufen. Doch werden mündige

Christen von denen, die Mündigkeit fordern, marginalisiert. Wer als reflektierender Christ beispielsweise die Mundkommunion kniend zu empfangen wünscht, muss sich im normalen deutschen Pastoralbetrieb auf Diskriminierungen gefasst machen. Mündigkeit ist ein Ausdruck, der im Evangelium nirgendwo vorkommt. Jesus hat auch seine Jünger nicht zur Mündigkeit berufen. Gäbe es eine kirchlich approbierte Form christlicher Mündigkeit, dann wäre das Sakrament der Mündigkeit die Firmung. Wer gefirmt ist und die Gnadengaben der Heiligen Geistes ernst nimmt – Weisheit, Einsicht, Rat, Erkenntnis, Stärke, Frömmigkeit und Gottesfurcht –, wird den Ausdruck Mündigkeit nur noch ganz vorsichtig gebrauchen.

Dabei gibt es in der Kirche basisdemokratische Entscheidungen – und zwar bis hin zur Unfehlbarkeit. Jede Heiligsprechung ist im Grunde eine basisdemokratische Entscheidung, denn die Voraussetzung für die Einleitung eines Seligsprechungsverfahrens schafft das gläubige Volk. Nur wenn der Ruf der Heiligkeit weit verbreitet ist, kann die Kirche einen Heiligsprechungsprozess einleiten. Das prominenteste Beispiel seit dem Zweiten Vatikanischen Konzil dafür ist die Seligsprechung von Johannes Paul II. Den Ruf »santo subito« haben wir alle noch im Ohr. Des Volkes Mund hatte gesprochen. Und so geschah es. Das ist gelebte Basisdemokratie. Auch im Wallfahrtswesen stimmen die Menschen mit den Füßen ab. Die Kirche kennt sehr wohl die Teilhabe der Gläubigen. Das Sakrament der Firmung macht jeden Firmling zum Geistträger. Den von den Theologen so häufig im kritischen Sinn beschworenen »sensus fidelium« – den Glaubenssinn des Gottesvolks – gibt es tatsächlich. Wer allerdings meint, es gäbe einen

»sensus fidelium« ohne den »sensus fidei« – irrt sich gewaltig. Der »sensus fidelium« hat nichts mit Demoskopie und Sinus-Studien zu tun.

Nicht nur Distanz zum pastoralbürokratischen kirchlichen Mainstream sollte daher den wirklich mündigen Christen charakterisieren, sondern auch Gelassenheit angesichts säkularer Aufregungszyklen. In Zeiten der Wirtschaftskrise ergreift ein bürgerliches Sicherheitsdenken Besitz von vielen Menschen. Sich davon unkonventionell abzugrenzen, gehört zu den Stärken des Christentums. Entweltlichung ist ein Kennzeichen authentisch gelebter Katholizität. Vor allem der Priester kann durch seine Lebensform zeigen, dass Christen zu mehr berufen sind, als in den materiellen Sorgen um morgen aufzugehen. Entweltlichung fordert den gesunden Menschenverstand. »Wer dem Altare dient, soll auch vom Altare leben« (vgl. 1 Kor 9,13). Im Deutschen bezeichnet man Priester als Geistliche. Und das hat mit Geist zu tun. Der Priester sollte immer als Mann des Geistes wahrgenommen werden. Das Priestertum als Lebensform hat durchaus Ähnlichkeit mit der Lebensform eines Künstlers. Beide sollten jedenfalls keine Arbeitnehmerhaltung einnehmen. Die Priesterweihe ist keine Lebensversicherung mit Arbeitsplatzgarantie, ein Priesterrat ist kein Betriebsrat und der Bischof kein Tarifpartner. Ein Priester ist kein Funktionär und kein Beamter. Allerdings sollte man sich ebenso vor einer Armutsromantik hüten. Die Kirche und ihre Priester werden jedenfalls nicht automatisch besser, wenn sie ärmer werden, genauso wenig wie die Künstler.

Entweltlichung der Christen als Kontrapunkt zur *clerical correctness* hat nicht von ungefähr auch die Dichter fasziniert. Auch die deutsche Literatur hat das Thema mit leicht ironischem Zungenschlag aufgespießt. Thomas Mann beschreibt in den *Buddenbrooks* den gesellig plaudernden Pastor Pringsheim. Bei der Taufe des kleinen Hanno Buddenbrook demonstriert er Anschlussfähigkeit an die feine Lübecker Gesellschaft. Jede seiner Bewegungen drücke aus, »seht, ich kann auch den Priester ablegen und ein ganz geselliges, harmloses Weltkind sein«, heißt es in dem Roman.[40] Der verweltlichte Christ als Statist im kulturellen und familiären Niedergang? Auch wenn der gefällig plaudernde Pastor Pringsheim kein katholischer Priester ist, verkörpert er doch einen Typus des Religionsvertreters, der keineswegs ausgestorben ist. Die Kritik Thomas Manns trifft deshalb auch die katholischen Priester. Gerade im 21. Jahrhundert ist der unverbindlich plaudernde Pastor in der katholischen Kirche gewiss nicht in der Minderheit:

»Ich bin doch ein netter Mensch. Ich brauche keine Priesterkleidung, denn ich überzeuge als Person. Leute, ich bin wie ihr«, es gibt ihn also, den sich selbst säkularisierenden Priester. In der jüngeren Priestergeneration ist allerdings eine deutliche Gegenbewegung zu beobachten.

Entweltlichung als Kontrapunkt zur *clerical correctness* bedeutet keineswegs Uniformität. Es gibt einen gemeinsamen Nenner: Im Mittelpunkt jedes Priesterlebens steht das heilige Messopfer. Es ist unmittelbar verbunden mit der Verkündigung. Der eigentliche Link ist das Leben des Priesters. Es kann durchaus verschiedene Schwerpunkte und Frömmigkeitsstile geben. Nicht akzeptabel sind allerdings Abstriche am »depositum fidei«, dem Schatz des Glaubens. Den priesterlichen Treueeid leisten und anschließend schweigen? Wir leisten den Treueeid nicht, um den Mund zu halten, sondern um ihn erst recht aufzumachen. Dass eine verweltlichte Kirche immer wieder Ansporn brauchte, um die Folgen der *clerical correctness* zu überwinden, zeigt die Kirchengeschichte. Man lese nach im Brief der heiligen Hildegard von Bingen (1098–1179) an den Kölner Klerus: »Ihr unterweist eure Untergebenen nicht und gestattet nicht, dass sie bei euch Belehrung suchen, indem ihr sprecht: ›Wir können unmöglich alles schaffen.‹«[41] Auch wenn uns keine mittelalterliche Überlieferung von klerikalen Bedürfnissen nach einem liturgiefreien Tag berichtet, ahnen wir doch, dass Hildegard keine allzu engagierte Zielgruppe vor Augen hatte. Heute würde sie vermutlich sagen: Es gibt keinen Urlaub vom Priestertum. Sofern der Priester nicht krank ist, sind liturgie- und brevierfreie Tage tabu.

Was als *clerical correctness* gilt, kann heute nach Alter, Milieu und Herkunft leicht variieren. Der soziologische Hintergrund der Geistlichen ist facettenreicher geworden. Priester kamen früher sehr häufig aus ländlichen Gegenden und wuchsen mit mehreren Geschwistern auf. Sie stammten aus einer mehr oder weniger intakten Großfamilie. Berufungen aus dem Bürgertum waren demgegenüber seltener. Berufungen aus der Aristokratie fielen nach der Säkularisation fast vollständig weg. Heute lässt sich der Priester von seiner Herkunft her nicht mehr so exakt bestimmen. Ganz unterschiedliche Wege führen zum Priestertum. Es ist größtenteils nicht mehr der Weg über die Familie. Es ist auch nicht mehr der Weg über Vereine und Verbände. Die Laufbahn vom Ministranten zum Oberministranten und schließlich zum Priester ist passé. Vorbei ist auch die Zeit der Jugendbewegung, in der sich fast jeder Abiturient automatisch die Frage stellte, ob er nicht auch zum Priester berufen sei.

Was bestimmt Berufungen zum Priestertum heute? Persönlichkeitsbildend ist für den Priester auf Dauer seine Haltung zum Glauben der Kirche selbst. Kritische Distanz zur Lehre gilt in Theologenkreisen vielerorts als Markenzeichen. An vielen theologischen Fakultäten sind häufig viele Laien, gerne auch mehr, als eigentlich erlaubt, mit der Ausbildung künftiger Priester beauftragt. So ist der Typus des gelehrten Priesters für Priesteramtskandidaten immer weniger anschaulich. Um es ganz vorsichtig zu formulieren: Priester in Treue zur Kirche und in Treue zur Tradition zu erziehen, ist nicht mehr an allen Ausbildungsstätten gewährleistet. In Deutschland sind die Professoren, die zukünftige Priester an den theologischen Fakultäten ausbilden, Staatsbeamte, die oft genug vom beamtenrechtlichen Denken geprägt sind. Das ist weltkirchlich gesehen eine Ausnahmesituation. Bemerkenswert ist jedoch, dass weder in Kirchenkreisen noch in der Politik jemand ernsthaft daran rüttelt, dass theologische Fakultäten an staatlichen Hochschulen etabliert sind. In der Diskussion über die Installierung islamischer Theologie an den Universitäten ist mit schöner Deutlichkeit klar geworden, worum es eigentlich geht. Fakultäten dienen dazu, Religionen zu zähmen. Dieser Zweck stand auch am Anfang der modernen Universitätsgeschichte bei den theologischen Disziplinen. Es ging nicht darum, den Glauben zu fördern oder der Kirche zu dienen, sondern staatskonforme Beamte heranzuziehen. Das ist zum Großteil auch gelungen. Heute wirkt dieses System allerdings anachronistisch. Es sollte überprüft und redimensioniert werden. Ein Gesichtspunkt wird bei entsprechenden Überlegungen nie thematisiert, ist aber höchst aktuell: Wenn ein Theologieprofessor im Semester hundert Prüfungen hat und ein

Juraprofessor das Zehnfache bei gleicher Lehrstuhlausstattung bewältigt, löst das eine Aversion aus, die sich mit Sicherheit nicht positiv auswirkt. Solche Effekte sind ganz unabhängig davon zu sehen, ob man katholisch-theologische Fakultäten an staatlichen Universitäten grundsätzlich bejaht oder nicht. Auch leidenschaftliche Befürworter des Systems können sich in einem Punkt nichts vormachen: Deutschland hat viel zu viele theologische Fakultäten. Das Zahlenverhältnis zwischen Theologieprofessoren und Kirchgängern sagt alles aus.

Es ist kein Zufall, dass Papst Benedikt XVI. im Oktober 2012 kurz vor der Eröffnung des »Jahrs des Glaubens« zwei neue Kirchenlehrer ernannt hat, die in markanten Schriften für die Erneuerung des Priesterstandes das Wort ergriffen haben. Ob die Texte der heiligen Hildegard von Bingen und des heiligen Johannes von Avila (1499–1569) an theologischen Fakultäten nördlich der Alpen gelesen werden, bleibt abzuwarten. In der theologischen Praxis der letzten Jahrzehnte kamen die Kirchenlehrer jedenfalls entschieden zu kurz. Mancher Student ist am Examenstag gut beraten, mehr Kant, Hegel, Heidegger, Habermas oder wer sonst gerade angesagt ist, zu zitieren, nur bitte keinen Kirchenlehrer. Ob einer Kirchenlehrer ist, ist den Lehrern in der Kirche von heute oft relativ gleichgültig. Erfolgreich profiliert man sich im theologischen Wissenschaftsbetrieb am besten mit irgendeinem lehramtskritischen und antipäpstlichen Text, der an verstaubte Bestseller aus dem 18. Jahrhundert erinnert. Die Positionen des Trierer Weihbischofs Johann Nicolaus von Hontheim (1701–1790) etwa, der unter dem Pseudonym »Justinus Febronius« publizierte, werden in Deutschland gerne aufgenommen. Er forderte die Unterwerfung des Papstes unter ein allgemeines Konzil und eine stärkere Stellung der Bischöfe gegenüber Rom. Solche Thesen werden heute etwas gefälliger und in der Volkssprache formuliert, als neueste kritische zeitgenössische Analyse ausgegeben, wobei diese Reformer noch nicht einmal mehr den Bildungsstand eines Febronius erreichen.

Predigt und Katechese kranken an einem fast kompletten Verlust ganzer Bereiche der Glaubenswahrheit. Dazu gehören die Bedeutung von Amt und Institution, von Himmel, Hölle und Fegefeuer. Die Lehre von den »Letzten Dingen« muss wieder ihren Platz in der kirchlichen Verkündigung bekommen. Hier zeigen sich auch in der universitären Ausbildung schmerzliche Lücken. Theologen können heute in Deutschland zum Priestertum gelangen, ohne ein einziges Wort über Engel- oder Reliquienverehrung gehört zu haben. Man kann auch nicht voraussetzen, dass Priestern oder Diplomtheologen während ihrer Ausbildung an einer deutschen Universität jemals das Wort Fegefeuer zu Ohren kommt. Und über die Sakramentalien der Kirche, zum Beispiel Weihwasser, Segnungen, Weihen und Ähnliches, erfährt der angehende Theologe im normalgängigen Studienbetrieb mit einiger Sicherheit überhaupt nichts, auch wenn deren Bedeutung in der Seelsorge hoch ist. Viele Elemente der Volksfrömmigkeit fallen im akademischen Lehrbetrieb einfach unter den Tisch, obwohl es über sie eine üppige theologische Forschung und auch ausreichend historisch-soziologische Literatur gibt. Dass es sich dabei um ein echtes Problem handelt, ist im allgemeinen Diskurs noch nicht genügend erkannt worden. Ich selbst habe diesen Mangel erst empfunden, als ich spürte, welche Bedeutung das Weihwasser im Alltag auch für die Gläubigen hat, die nicht regelmäßig den Sonntagsgottesdienst besuchen.

Gerade für Menschen, welche nicht mehr regelmäßig die Sakramente empfangen oder der Kirche gar ganz fernstehen, kann z. B. eine Fahrzeugsegnung ein Türöffner zur Glaubenspraxis werden. Durch eine Fahrzeugsegnung wird Mobilität religiös verortet. Mit Segnungen bewältigen Menschen die Unwägbarkeiten ihres Alltags positiv, indem sie sich Gott und den guten Mächten der Engel und Heiligen bewusst anvertrauen. Das fordert dann auch ein Verhalten, das weit über die Straßenverkehrsordnung hinausgeht. Wenn wir Gottes Gegenwart im Leben als fordernd empfinden, sollten wir nicht die Scheibenwischer anstellen und das Weihwasser aus unserem Leben wischen. Darum sind Sakramentalien auch eine wichtige Hilfe für wiederverheiratete Geschiedene. Vom Sakramentenempfang sind sie ausgeschlossen, von den Sakramentalien jedoch nicht. Sie können ihre Wohnungen, Autos und Rosenkränze segnen lassen. Die Kirche braucht die ganze Palette des *Rituale Romanum* mit der Vielfalt der Segnungen, um den Menschen im Alltag geistlich zu begleiten. Im Leben des Christen gibt es keine Gott-freien Räume.

Dass heute in ganz Europa die Wallfahrten boomen, hatte kein Pastoralplaner voraussehen können. Dieser ganz ungeplante und spontane Aufschwung ist in erster Linie mit dem Heiligen Geist zu erklären. Der Heilige Geist bedient sich hier ungewöhnlicher Instrumente und Wege. Hape Kerkeling ist mittlerweile wieder da. Wallfahrten sind »in«. Zu den großen Pilgerzielen Rom, Jerusalem, Lourdes und Santiago de Compostela gesellen sich die kleinen Alltagspilgerfahrten. Bayern und Baden-Württemberg etwa sind echte Sakrallandschaften. Es lohnt sich, sie wiederzuentdecken und zugleich in der Seelsorge größtmögliche Flexibilität und Offenheit an den Tag zu legen. Denn eins ist sicher: Die Zeiten des Pfarrzwangs sind vorbei. Der mobile Christ von heute will sich nicht mehr vorschreiben lassen, in welche Kirche er zu gehen hat.

Das Wallfahrtsgeschehen könnte die Sicht auf die wirkliche Situation korrigieren. Diese Wirklichkeit ist durchaus nicht so düster wie das von den Medien geformte Image der Institution.

In den Medien erfahren wir beispielsweise wenig über Frauen, die in Maria ihr Vorbild im Glauben und ein weibliches Ideal gefunden haben, aber viel über die sogenannte Frauenproblematik. Angeblich wird die Frau in der Kirche unterdrückt. Man könnte fast auf den Gedanken kommen, dass die Kirche in den letzten Jahrzehnten vorwiegend mit sich selbst beschäftigt war. Diese Wirklichkeit ist aber nur eine Seite der Medaille. In Wahrheit gibt es den anderen Strom des Katholizismus. Das kirchliche Leben speist sich aus ganz normalen Menschen, die ein bisschen verunsichert sind und irgendwie dumpf spüren, dass das, was die Medien ihnen vorsetzen, doch nicht so ganz stimmen kann. Als Pilger stimmen sie auch mit den Füßen über bestimmte Seelsorgsmethoden ab. An Wallfahrtsorten wird spürbar, dass immer mehr Menschen positive Glaubenserfahrungen hier und heute machen. Der sprechendste Beweis dafür sind die Votivtafeln. Sie dokumentieren Dank für erbetene Hilfe und tragen zu einer Atmosphäre bei, die anderen Mut zum Glauben und Beten macht. Genau das ist es, was die Menschen anspricht.

Der Verdacht der Pastoralbürokraten, Wallfahrtsorte seien nur Nebenprodukte des Tourismus, darf gläubige Katholiken kalt lassen, auch wenn manche Pilgerfahrt natürlich mehr auf touristische als religiöse Erlebnisse setzt. Aber auch hier gilt die Maxime: »Der Unwert des Missbrauchs setzt den Wert des Gebrauchs voraus«. Religiöser Tourismus kann auch ein niedrigschwelliges Angebot sein: Vielleicht springt der Funke bei einer Kirchenführung über und legt im Besucher ein verschüttet geglaubtes Fundament frei. Nicht zu vergessen ist die religiöse Wurzel des modernen Massentourismus: Er hat seinen Ursprung in den Lourdes-Wallfahrten. Warum sollte eine weltoffene Kirche mit Touristen Schwierigkeiten haben? Wenn wir mit touristischen Methoden die Leute in die Kirche bringen können, dann sollten wir das tun. Die Zahl der Wallfahrtsorte, in denen Touristen den Gläubigen den Rang ablaufen, dürfte übersichtlich sein.

Marienheiligtümer wie Maria Vesperbild haben dieses Problem nicht. Kunsthistorisch betrachtet, ist die Wallfahrtskirche nicht so interessant, dass sie sich als Touristenmagnet in Mittelschwaben etabliert hätte. Auch auf die Freunde der Folklore wirken wir nicht unbedingt prickelnd. Gerade die abseits der Touristenrouten gelegenen Heiligtümer senden allerdings eine hochaktuelle Botschaft aus: Es gibt wesentlich mehr Glauben und auch eine viel tiefere Sehnsucht nach traditioneller Frömmigkeit, als man im Akademie- und Rätekatholizismus wahrzunehmen geneigt ist.

Nicht der Weg ist das Ziel, sondern der Weg hat ein Ziel – und dieses Ziel ist Jesus Christus. Bloße Weggemeinschaft ohne Ziel ist ein gemeinsames Herumirren im Chaos zeitgeistiger Beliebigkeit.

MYSTIK – CHATTEN MIT GOTT

Die Sixtinische Kapelle zerbirst in tausend Stücke, die Peterskuppel fällt in sich zusammen, Pole zerspringen und der Flachbildschirm im Wohnzimmer verbreitet Endzeitstimmung. In Deutschlands bekanntestem Boulevardblatt wirbt ein Experte für den ultimativen Versicherungsschutz in der Endzeit. Auch wenn die Bibel uns beruhigt, dass niemand den Tag und die Stunde kennt: Der Regisseur Roland Emmerich studierte den Maya-Kalender genau und datierte den Weltuntergang auf den 21. Dezember 2012. In seinem Film 2012 geizte der Großapokalyptiker aus Sindelfingen, ein Gegner jeder organisierten Religion, nicht mit »special effects«, die beim Zuschauer tiefe Ängste auslösen können, vielleicht sogar sollen. Diese Art von Filmen wird zum Spiegel spießiger Albträume derjenigen Menschen, die eben jede organisierte Religion ablehnen und deshalb Ängste und Zwänge als Kollateralschäden ihres Aberglaubens und Unglaubens durch ihre Lebensgeschichte tragen müssen. Während man dem Christentum im Allgemeinen und der katholischen Kirche im Besonderen gern vorwirft, vorsätzlich und ausdrücklich mit der Angst der Menschen zu spekulieren, verdient die Unterhaltungsindustrie glänzend mit dem Hype aus schäbigen Angstspekulationen und gigantischen Täuschungen.

Diese Entwicklung geht vielerorts Hand in Hand mit einem Bedeutungswandel des traditionellen Begriffes »Mystik« im landläufigen Sprachgebrauch: Darunter werden neben diffusen Engelbeschwörungen und seichter Esoterik nicht selten auch apokalyptische Szenarien abgebucht: Höllenvisionen, Naturkatastrophen und ein göttliches Strafgericht sind ins 21. Jahrhundert inkulturiert worden. Gottes Richterrolle ist aus Predigt und Katechese vielerorts verschwunden, die Angst vor dem Untergang ist jedoch in säkularisierter und damit oft auch in radikalisierter Form geblieben. Die Naturkatastrophen, von denen in der Heiligen Schrift die Rede ist, werden heute natürlich nicht mehr als Strafe Gottes empfunden. Heute bestraft der Klimawandel die Menschen. An die Stelle eines zürnenden Gottes ist einfach der zürnende Klimawandel getreten. Er sorgt für das Tosen der Meere und schmelzende Eisberge, für schneearme Winter und demnächst wohl auch für Palmen auf der Zugspitze. In der Diskussion um den Klimawandel werden uns in gehobenem Wissenschaftsjargon apokalyptische Szenarien dargeboten, die eigentlich direkt aus der religiösen Vorstellungswelt stammen. Die Wanderung der Apokalypse vom Judentum über das Christentum zum neuzeitlichen Klimawandel ist ein Säkularisierungsprozess, der nicht frei, sondern erst recht Angst macht. Dass Sekten in diesem Klima Morgenluft wittern, verwundert nicht. Sekten bieten in der Regel eine Patchwork-Religion nach Marktlage an. Innerhalb der katholischen Kirche gibt es daher keine Sekten. Von Sekten ist erst zu sprechen, wenn sich Gruppen vom Glauben der Kirche und vom Primat des Nachfolgers Petri lösen. Sekten sind einerseits etwas vom Lebensbaum der Kirche Abgeschnittenes und andererseits Folgen einer unzureichend reflektierten, diffusen Religiosität: Da, wo Menschen »Erscheinungen«, die von der Kirche ausdrücklich abgelehnt worden sind, weiter propagieren und sich dabei besonders fromm vorkommen, rutschen sie sehr schnell in eine fundamentalistische Exklusivität. Natürlich ist es verführerisch, zu denken, man könne an der authentischen Wortverkündigung und den Sakramenten der Kirche vorbei in einen unmittelbaren Kontakt zu Gott treten. Überall, wo gegen die Entscheidung der Kirche ein bestimmter Kult gepflegt wird, kann man von einer Grenzüberschreitung sprechen. Die Gefahr abseitiger Kulte wächst gerade dort, wo keine gesunde Volksfrömmigkeit gepflegt wird. Solange nach der Ordnung der Kirche gebetet wird und Prozessionen im Geist der Kirche abgehalten werden, solange Menschen die Gnade Gottes erflehen und diese Gnade durch ein äußeres Zeichen in ihrem Alltag spüren wollen, kann man nicht von Aberglauben sprechen. Der Aberglaube beginnt da, wo Menschen die Garantie übernehmen, dass Gott etwas Konkretes tue, weil man ihn durch bestimmte Mittel dazu zwingen könne. Gott verschenkt seine Gnade aber frei in überströmender Güte. Damit sind wir meilenweit von jedem Aberglauben entfernt.

Sekten und Subkulturen halten der säkularisierten Gesellschaft einen Spiegel vor. Ist ihr der Geist der Aufklärung abhandengekommen? Im Gegenteil. Was landläufig als aufgeklärt und rationalisiert bezeichnet wird, umschreibt häufig nur eine Welt, die das Metaphysische komplett verdrängt und deswegen in Surrogate ausweichen muss. Seit fünfzig Jahren verpassen wir regelmäßig Weltuntergänge. Vor allem um die letzte Jahrtausendwende war Apokalypse ein angesagtes Lebensgefühl. Man glaubt nicht mehr an den Jüngsten Tag, aber an Außerirdische, man schaut sich die DVD eines Katastrophenfilms an und gruselt dem Weltuntergang im Wohnzimmer entgegen. Gerade Weltuntergangsfilme sind ein eindrucksvolles Beispiel dafür, dass Aufklärung, Säkularisation und Rationalität in eine hysterische Moderne führen – mit oft absurden Ersatzreligionen. So kommt es dann auch zum Boom der Engelreligion. Darin werden Engel zu einer Art Zwitterwesen. Man glaubt nicht an Gott, aber man glaubt sehr wohl an Engel, Elfen oder Schutzgeister und bedient die ganze spiritistische Palette. Das schließt einen öffentlich bekannten Unglauben nicht aus. Die Engelreligion hat nichts mit den Weisungen der Heiligen Schrift zu tun. Schon aus diesem Grund müssen wir die Engel in der katholischen Kirche wieder »einfangen«. Die Lehre von den Engeln wurde zu lange vernachlässigt und landete in einer theologischen Schmuddelecke. Engel sind eben nicht »metaphysische Fledermäuse«. Sie sind authentische Boten Gottes. Jeder Mensch hat in seinem Schutzengel einen persönlichen Begleiter im Leben. Ihn muss er verehren. Anlässe gibt es genug: Die katholische Kirche feiert das Schutzengelfest am 2. Oktober und wir haben das Erzengelfest am 29. September. Wer seinen Schutzengel akzeptiert, hat den ersten Schritt getan, um die Engel im Licht des Glaubens zu sehen. Der Kirche geht es nicht um Engelreligion. Katholiken glauben erstens: dass es Engel gibt; zweitens, dass sie reine Geister sind, und drittens, dass ihr Wesen in Lob und Dank, im Lob Gottes besteht und sie die himmlische Liturgie mitfeiern.

Die Verehrung der Engel macht die Gratwanderung der Gläubigen anschaulich. Glaubenswissen allein reicht nicht für das religiöse Leben. Das Christentum ist allerdings auch keine Erfahrungsreligion, die religiösen Hochseilartisten vorbehalten ist. Hier gilt es, die Mitte zu wahren. Karl Rahner (1904–1984) hat in einem Artikel mit dem bezeichnenden Titel *Frömmigkeit früher und heute* geschrieben: »Der Fromme von morgen wird ein ›Mystiker‹ sein, einer, der etwas erfahren hat, oder er wird nicht mehr sein.«[42] Und in diesem Satz setzt Rahner auch »Mystiker« in Anführungszeichen und definiert den Mystiker als jemanden, der etwas erfahren hat. Damit ist zweierlei ausgesagt: Es gibt keine theoretische Glaubenspraxis, sondern die Glaubenspraxis muss fromm im umfassenden Sinn des Wortes sein. Vielleicht im Sinne des lateinischen Wortes »pietas«, das mit dem Wort »piare« – reinigen – eng verbunden ist. Augustinus sagt es ganz präzise: »Niemand kann die wahre Tugend haben ohne die wahre pietas, das heißt den wahren Dienst am wahren Gott.«[43] Das Maß der Wahrheit bestimmt den Wert von Frömmigkeit. Frömmigkeit ist nämlich nicht inhaltsleer.

Wenn man Rahners Satz dahingehend versteht, dass der Christ der Zukunft jemand ist, der fromm sein muss, dann hat er recht. Ein Glaube ohne Frömmigkeit ist eine Sache für Volkskunde und Völkerkundemuseen. Christliche Autoren des Mittelalters und der Neuzeit haben mit ihren Schriften bewiesen, dass die Synthese zwischen Mystik und Wissenschaft im Lauf der Kirchengeschichte mehrmals glückte. Vollkommen gelungen ist sie im Werk des Kirchenlehrers Thomas von Aquin. Er hat herrliche Hymnen gedichtet, und auf ihn geht auch das Offizium des Fronleichnamsfestes zurück. Andererseits sieht man an seiner kristallinen theologischen Fachsprache, dass die Bezeichnung »engelgleicher

Lehrer« nicht zufällig ist. Auch beim heiligen Bonaventura sind Wissenschaft und Mystik zu einer Lebenssynthese verschmolzen. Wissenschaft und Mystik können eine gelebte Einheit sein. Ganz deutlich erkennt man das auch am karmelitisch geprägten Thomismus der Schule von Salamanca und ihrem berühmten *Cursus theologicus* aus dem 17. Jahrhundert.

Allerdings scheinen viele Zeitgenossen das Christentum als einen unterschwelligen Konflikt zwischen Intellekt und Gefühl aufzufassen. Ist es vernünftiger, sich zu bilden als sich auf die Suche nach religiösen Erlebnissen zu begeben? Glaubenswissen darf nicht gegen Glaubenserfahrung ausgespielt werden. Die Suche nach mystischen Erfahrungen ist jedenfalls in sich falsch. Man darf an großen Glaubensereignissen teilnehmen, die emotionale Seite des Glaubens betonen und diese auch energisch leben. Aber wer sich Visionen und besondere Erfahrungsgnaden herbeiwünscht, gerät leicht in eine Selbsthypnose. Die Kirche hat ihre Erfahrungen mit Übertreibungen gemacht. Die Begierde nach Neuem herrsche heute gar zu sehr vor und sei selbst in den Raum der Aszetik und Mystik eingedrungen, stellte Pius X. 1914 fest.[44] Wer es darauf anlegt, kann auf Rezept Halluzinationen hervorrufen, die an anderen Stellen als Visionen durchgehen. Visionen auf Rezept – hier stellt sich die Frage nach der Unterscheidung der Geister. Ihr widmeten früher die Handbücher für Aszese und Mystik wichtige Kapitel. Nicht alles, was fromm scheint, ist auch wirklich fromm. Deswegen kann auch der gläubige Katholik dem Helmut Schmidt zugeschriebenen Diktum »Wer Visionen hat, sollte zum Arzt gehen«, durchaus etwas abgewinnen. Die römische Inquisition sah es über Jahrhunderte ähnlich.

Glaubenserfahrung und Glaubenswissen müssen im Gleichgewicht sein. Die persönliche religiöse Erfahrung kann nie ein Dogma relativieren. Aber äußere Einflüsse können das Glaubensleben beeinflussen. Beten fällt Menschen unter bestimmten Bedingungen leichter – eine Atmosphäre der Stille oder auch die Klänge des gregorianischen Chorals oder einer Mozartmesse öffnen Türen zur Andacht und zum Gebet. Doch ist es mit dem Gebet wie mit der Liebe: Es muss sich auch als »Trockenfutter« im Alltag bewähren. Im Kontakt mit Menschen aller Schichten müssen Christen ihr Gebetsleben unabhängig von den äußeren Umständen intensiv weiterpflegen. Spanische Mystiker wie Teresa von Ávila und Johannes vom Kreuz haben die Klausur ihrer Klöster verlassen, um den Karmel zu reformieren. Ihre Reisen und ihre Kontakte zu Menschen aller gesellschaftlichen Schichten haben sie nicht verweltlicht, sondern im Gegenteil tiefer zur Vereinigung mit Gott geführt. Das Gebet im katholischen Sinne ist nicht etwas für religiöse Profis, sondern für den normalen Alltagschristen.

In den Schriften der Mystiker entdeckt der Leser immer wieder, wie einfach sie mit Gott gesprochen haben: durch das Gebet des Vaterunser, beim Verweilen vor dem Tabernakel oder in der stillen Betrachtung eines Bildes des Gekreuzigten. In den Klassikern der mystischen Literatur wird ausdrücklich empfohlen, die Frommen sollten sich über das innere Beten austauschen und andere dazu ermutigen. Auch beim Gebet gilt, was der Volksmund mit dem Spruch ausdrückt: Wovon das Herz voll ist, davon spricht der Mund. Wer vor Liebe brennt, kann seine Liebe nicht mehr verschweigen. Wer Gott nahegekommen ist, wird nicht den Mund halten, sondern hinausgehen und anderen von diesem

Glück erzählen, das für jeden Menschen gedacht ist. Darum haben Mystiker wie Johannes vom Kreuz die apostolische Tätigkeit nie als Alternative zum kontemplativen Gebet betrachtet, sondern als dessen Folge. Beides gehört zusammen. Beten ist auch Übungssache. Auch hier gilt die Maxime »learning by doing«. Nicht umsonst gibt es in den kontemplativen Klöstern ein Postulat und ein Noviziat. Sowohl in das Gebet als auch in verschiedene Gebetsformen kann man hineinwachsen. Genauso wichtig ist es, mit anderen über sein Gebetsleben zu sprechen, sofern man die eigene Frömmigkeit dabei nicht wie eine Monstranz vor sich herträgt. Die Maxime »Schau mal, wie klasse ich bin, was ich für tolle Gebetserfahrungen habe, und ich lass dich jetzt sogar daran teilhaben«, ist natürlich völlig abwegig.

Mystik ist alles andere als geistliche Extravaganz. Die Kirche hat diese geistliche Einfachheit stets unterstützt. Früher übte die Ritenkongregation ein genaues Wächteramt über Litaneien und fromme Übungen aus. Sie hat manch »frommes« Gebet vom Markt genommen. Im Gespräch mit Gott sollten wir Kapriolen vermeiden. Bizarrismen gehören nicht in das Gebetsleben hinein, auch wenn sie einen pseudoreligiösen Anstrich haben. Ich denke da etwa an die Lyrik von Stefan George, die eine kapriziöse Gebetsattitüde beinhaltet und zeigt, dass wir mit dem »Vaterunser« tatsächlich sehr gut bedient sind. Der Herr selbst hat es uns beigebracht. Im Vaterunser ist alles Wesentliche gesagt. Gott ist der ganz Einfache. Aber Gott ist auch, wie Nikolaus von Kues einmal gesagt hat, die »coincidentia oppositorum«, das Übereinstimmen aller Gegensätze. Das bedeutet, dass die Einfachheit Gottes uns Menschen nicht unmittelbar zugänglich ist. Gott ist absolut barmherzig und absolut gerecht. Beide Eigenschaften in einer Person zu vereinen ist für Menschen unmöglich.

Das Gebet erfüllt den Menschen nicht automatisch mit Glücksgefühlen. Viele Mystiker haben in ihrem Leben das Gefühl tiefer Gottverlassenheit und Angst kennengelernt. Aufrichtiges Beten ist eben keine Autosuggestion. Beten ist auch keine Droge, die man einwirft, um einen positiven Effekt zu erzielen. Und in der dunklen Nacht machen die Mystiker eine ähnliche Erfahrung wie Christus am Kreuz, auch wenn ihr Leiden damit nicht identisch ist: »Mein Gott, mein Gott, warum hast du mich verlassen?« (Mk 15,34). Das im Markusevangelium geschilderte höchste Leidensgeheimnis der Erlösung findet sich im Leben der Mystiker genau in dieser geistigen Trockenheit. Das kann auch für die Demut ganz gut sein. Aufrichtiges Beten unterscheidet sich eben von Zen, Yoga und anderen mehr oder weniger gymnastischen Gebetsübungen, die zurzeit en vogue sind. Letztere können ein unmittelbares, wohliges Glücksempfinden produzieren. Das gibt es im Christentum in dieser Form nicht. Sonst wäre Beten ein Mix aus Opium für das Volk und Selbsttherapie von Neurotikern, »denn auch in den Buß- und Andachtsübungen kann der Mensch sich selbst suchen und diese Gefahr ist umso größer, je heiliger die Sache ist, deren er sich widmet«, hat die Provinzialsynode von Vienne 1858 präzise formuliert und die Bedeutung des Seelenführers in diesem Kontext ganz besonders betont. Dabei gebraucht sie den schönen lateinischen Begriff »moderator conscientiae«.[45]

Gerade im 19. Jahrhundert finden sich in zahlreichen Provinzialsynoden tiefere Reflexionen über Frömmigkeit und Alltagsleben. Diese Überlegungen sind jetzt auch wieder mit der zweisprachigen Ausgabe der »Dokumente des Lehramts zum geistlichen Leben« leichter zugänglich geworden. Geistliches Leben mit allen seinen Facetten ist nämlich keine »lehramtsfreie« Zone für frei flottierende (pseudo-)religiöse Erfahrungen. Denn es gilt, wie die Provinzialsynode von Vienne sagt: »Wenn wir alles ersehnen und glauben, was wir beim Messopfer und beim Stundengebet aussprechen, dann verfügen wir über die tägliche Erneuerung des Geistes.«[46] Gehorsam und Ehrfurcht der Gläubigen gegenüber dem Nachfolger Petri und den Apostelnachfolgern im Bischofsamt sind ein wichtiges Kriterium für authentische Frömmigkeit. Damit kommt dem Lehramt eine große Verantwortung für die religiöse Psychohygiene zu.

Im Laufe der Kirchengeschichte haben sich immer wieder bedeutende Gelehrte in der Beurteilung von (Pseudo-)Mystikern getäuscht. Ein bekanntes Beispiel ist der Fall der spanischen Franziskanerin Magdalena de la Cruz (1487–1560). Jahrelang wurde sie als lebende Heilige verehrt, ehe sich die vermeintlichen mystischen Gnaden als Schwindel entpuppten. Solche Fälle gab es nicht nur in Spanien. In Italien kamen pseudomystische Phänomene im 17. Jahrhundert häufig vor. Eine Ursache dafür liegt in einer falsch verstandenen Frömmigkeit, eine andere in der Suggestivkraft von Personen. Sie bewirkt, dass der Beichtvater zum Geführten wird. Natürlich fühlt sich auch mancher Beichtvater irgendwie geschmeichelt, wenn er eine vermeintlich außerordentlich begnadete Seele führt. Oft unbewusst öffnet sich das Einfallstor der Eitelkeit. All das sind Zeichen dafür, dass die Geister nicht in der richtigen Weise unterschieden worden sind. Zur geistlichen Führung gehört immer auch Distanz. Diese Frage ist in den Handbüchern der mystischen Theologie breit thematisiert worden.

Von der Angst, dass Eingebungen und Visionen nicht von Gott, sondern vom Teufel stammen, berichten viele Mystiker. Teresa von Ávila erinnert in der *Seelenburg* daran, dass der Teufel sehr wohl den Geist des Lichts imitieren könne.[47] Göttliches und Dämonisches können einander so ähnlich sein, dass diese Sorge begründet ist. Schon der heilige Paulus hat die Korinther gewarnt: »Auch der Satan tarnt sich als Engel des Lichts. Es ist also nicht erstaunlich, wenn sich auch seine Handlanger als Diener der Gerechtigkeit tarnen« (2 Kor 11,14). Es war schon immer die Frage, ob eine übernatürliche Erfahrung eines Menschen von Gott bewirkt worden ist oder vom Teufel – oder ob es sich schlicht um ein Krankheitsphänomen handelt. Alle großen Mystiker waren sich dieser Gratwanderung bewusst. Teresa von Ávila war ihren eigenen Visionen gegenüber extrem skeptisch. Johannes vom Kreuz warnt im *Aufstieg zum Berge Karmel* mit Nachdruck vor Privatoffenbarungen.

Christliches Gebet ist etwas Nüchternes. Darum ist auch Vorsicht geboten mit dem Spruch »Not lehrt beten«. Not ist an sich etwas Ambivalentes. Außergewöhnliche Ereignisse, Tragödien und Schicksalsschläge mögen manche Menschen für religiöse Fragen sensibilisieren, Not kann zu einem Haltesignal im Leben werden, das die Gleichgültigen wieder wachrüttelt und hellhörig werden lässt für die Frage, woher sie kommen, wofür sie da sind und wohin sie wollen. Dennoch ist der Spruch »Not lehrt beten« so falsch, wie er alt ist. Boccaccios (1313–1375) *Decamerone* entstand, weil sich eine Gruppe vor der Pest geflüchtet hatte und die Zeit damit vertrieb, mehr oder weniger unanständige Geschichten zu erzählen. Not lehrt also auch sündigen, führt mitunter zu Exzessen und lässt Hemmungen fallen.

Unter dem zivilisatorischen Zuckerguss brodelt eine oft kranke Emotionalität ungebrochen weiter. Massenkonsum, Massentourismus und Massenmedien nagen an den zwischenmenschlichen Beziehungen. Dass immer mehr Menschen überhaupt nicht mehr beten, ist ein Krisensymptom. Beten ist die höchste Form menschlicher Existenz auf dieser Erde. Wer nicht betet, verpasst das Wesentliche im Leben. Vor allem die Suizidrate unter Jugendlichen und älteren Menschen in westlichen Ländern spricht für sich. Im Selbstmord spiegelt sich die Negation der eigenen Seele wider. Doch selbst, wer dem nackten Bösen begegnet, wird rasch spüren, dass er vor dem Tabernakel Kraft gewinnt. Man kann sich aber auch dem Bösen einfach ergeben. Das ist die Alternative. Beichte und regelmäßiges Gebet helfen dem, der den Eindruck hat, dass das Böse Macht über ihn gewinnt. Der Selbsterhaltungstrieb der Seele führt dann dazu, dass einem die Beichte Halt gibt. Wenn der Selbstmord Ausdruck einer tiefen Depression ist, ist er aus Sicht der katholischen Kirche nicht mehr sündhaft. Mit dem Fortschritt der Wissenschaften haben Theologen hier weitergedacht. Wer sich jedoch aus Standesdünkel erschießen lässt, wie es so manche heroische Offizierslegende vergangener Zeiten erzählt, der stirbt tatsächlich im Zustand der Todsünde. Doch auch hier ist größte Zurückhaltung angesagt. Buchstäblich bis zum letzten Atemzug kann der Mensch sein Leben ändern.

Natürlich spielt die innere Gestimmtheit beim Beten eine Rolle. In den heiligen Schriften des Neuen und Alten Bundes klingen alle emotionalen Höhen und Tiefen der Seele nach. Vom *De profundis* über die Fluchpsalmen bis zum *Magnifikat* und *Benedictus* finden sich in der Heiligen Schrift

Gebete für düstere Stunden und für Glücksmomente. Es gibt eine Korrelation zwischen Gebet und innerer Gestimmtheit, aber nicht mehr. Das Gebet darf nicht einfach der Ausdruck dieser inneren Gestimmtheit sein. Aufrichtiges Beten hängt auch nicht allein von der seelischen Verfassung der Person ab. Die Erfahrung der Wüstenväter zeigt, dass sich jeder Beter früher oder später der inneren Trockenheit und geistlichen Dürre stellen muss. Und wer in der Wüste ist und Durst hat, dem hilft es nicht, wenn er stehen bleibt und sagt: Jetzt mag ich nicht mehr. Dann hilft nur weitergehen, solange man kann.

Von solchen Wüstenerfahrungen lassen sich die Linien zum geistlichen Leben ziehen. Traditionell unterscheidet man in der Mystik zwischen der Rolle des Verstandes und des Willens. Christen nützt die Gebetsroutine. Es muss im Leben eines Gläubigen Rituale und Gebete geben, die auch in Phasen ablaufen, in denen er das Gefühl hat, dass alles nur noch Routine ist und nicht mehr. Wir brauchen diese Geländer im geistlichen Leben, um im Alltag über die Abgründe unserer eigenen Gefühle hinwegzukommen. Nach der Benediktsregel soll der Mensch den unberechenbaren Tod täglich vor Augen haben. Im Idealfall leben Christen so, dass jeder Tag der letzte sein könnte. Diesem Ideal entsprechen wir natürlich nicht. Dennoch bleibt es eine der wenigen Gewissheiten unseres Daseins, dass dieses Leben einmal zu Ende gehen wird.

Darum ist Maßhalten auch ein Schlüsselbegriff des geistlichen Lebens und auch des Gebets. Allen Übertreibungen haftet etwas Zwanghaftes an. Wer sich geißelt oder mit dem Bußgürtel traktiert, experimentiert mit religiöser Hochseilakrobatik. Hier kommt eine dunkle Seite der menschlichen

Psyche zum Vorschein, die etwas Selbstzerstörerisches hat. Der heilige Hieronymus hat in Übertreibungen im geistlichen Leben die Ursache für den Überdruss an Gott erkannt.[48] Maßhalten heißt dagegen, das Gleichgewicht wahren, statt zu versuchen, Gott durch Überschreitung des Gleichgewichts zu etwas zu zwingen. Manche extremen Formen der Buße, des Fastens und des Gebets haben sowohl etwas Zwanghaftes gegenüber der eigenen Person als auch gegenüber Gott. Aus diesem Grund hat die römische Kurie stets sehr darauf geachtet, dass sich in Ordensregeln keine Tendenz der Übertreibung einschlich. Und deshalb hat sie viele Ordensregeln geradezu »entschärft«.

Auch heute lohnt es sich überhaupt nicht, im geistlichen Leben im Allgemeinen und beim Beten im Besonderen abseits der kirchlichen Ordnung nach neuen Wegen zu suchen. Katholiken können im geistlichen Leben aus einem reichen Traditionsbestand schöpfen, den man erst einmal kennen sollte, bevor man Expeditionen in exotische Mystizismen unternimmt.

In Europa ist aus dem mystischen Gebet über Jahrhunderte hinweg die Passionsfrömmigkeit gewachsen. Die Passion bedeutet das Zentralgeheimnis der Erlösung, der Höhepunkt der Erlösung und die Teilhabe am letzten Weg Christi. Das Kreuz zu tragen, bedeutet die entscheidende Zäsur im Leben des Einzelnen. Das zeigt sich z. B. in der Art und Weise, wie Krankheiten und physische Schwächen bewältigt werden.

Bei vielen Mystikern paarte sich ein intensives persönliches Gebetsleben mit einer angegriffenen Gesundheit. Das Gespräch mit Gott half ihnen, ihre Krankheit geistlich zu bewältigen und eine intensivere Gottesbeziehung aufzubauen. Wie geht jemand mit einer Krankheit um, die ihn über Jahre ans Bett fesselt? Wohin lenkt er seine Aufmerksamkeit? Die heilige Anna Schäffer (1882–1925) hat die längste Zeit ihres Lebens als Pflegefall durchgestanden und dabei vorgelebt, dass eine große Belastung auch überdurchschnittliche seelische Kräfte für andere freisetzen kann. Die psychische Bewältigung einer Krankheit kann also ein Zeichen von Heiligkeit und eines intensiveren Gebetslebens sein.

Asiatische Gymnastikübungen sind dafür kein Ersatz. Wer sich auf fernöstliche Gebetsgymnastik einlässt und vorher nicht einmal Bonaventura gelesen hat, muss sehen, wie er seine Beine wieder auseinanderknotet, andernfalls landet er im Abseits. Das Phänomen der Gurus und Zen-Meister im christlichen Abendland breitet sich im Zug der Säkularisierung aus, während die Skepsis gegenüber der traditionellen Seelenführung in der Kirche eher wächst. Doch kann die Erfahrung der Kirche den Menschen die Bedenken vor dem Seelenführer nehmen. Manche pochen auf neue Begriffe: Geistliche Begleitung oder geistliche Weggemeinschaft hören sich sozialverträglicher an. Dennoch braucht die Kirche wieder eine Rückbesinnung auf die Kunst der Seelenführung. Der Einzelne soll mit seinen Problemen und seiner Seelenlage zu seinem Seelsorger gehen. Seelsorge ist immer verbunden mit Seelenführung. Das müssen Priester wieder lernen. Sie selbst brauchen einen Seelenführer. Priester kann man nicht ohne einen festen Beichtvater sein. Und die traditionelle Seelenführung der katholischen Kirche war ein Ruhmesblatt in der Kirchengeschichte, auch wenn es Ausfälle und Missbräuche gegeben hat. Letztere sind auch geahndet worden. Hier hatte gerade die so viel gescholtene Inquisition eine enorme psycho-hygienische Funktion.

Sie war es, die solchen Missständen sorgfältig nachging, sie deutlich beim Namen nannte und auch konsequent ahndete. Vor allem hegte die Inquisition eine gesunde Distanz zu Fixierungen auf außerordentliche physische Phänomene der Mystik wie Stigmata, Ekstasen, Nahrungslosigkeit und Ähnlichem. Mit dieser Arbeit hat sie Maßstäbe gesetzt, die jeden Rationalisten eigentlich vor Neid erblassen lassen müssten. Solche physischen Begleiterscheinungen mancher mystischen Zustände sind ausgesprochen problematisch. Sind sie echt, dann schenkt Gott damit eine Gnade, die anderen Menschen als Wegweiser zum Glauben dienen soll. Sich daran festzumachen, ist ungesund. Auch hier kommt es auf die Unterscheidung der Geister an – wie grundsätzlich auf dem weiten Feld der Privatoffenbarungen und Erscheinungen. Die Kirche kann hier auf eine jahrhundertelange Erfahrung zurückgreifen. 1858 hielt das schon zitierte Provinzialkonzil von Vienne fest: »Im Übrigen ist der Geist Gottes ein Geist der Unterscheidung. Wer im Herrn Fortschritte machen will, soll die Ratschläge des sorgfältig auszuwählenden Seelenführers hoch schätzen und die Früchte, die ihre frommen Übungen tragen, genau prüfen.«[49]

Mit dem Verweis auf »gute Früchte« wird in der Frage der Anerkennung von Privatoffenbarungen gern argumentiert. Doch kann dieses Argument nicht immer wirklich überzeugen. Zu schnell wird aus der These von den guten Früchten die Maxime: Der Zweck heiligt die Mittel. Und das tut er natürlich nicht. Der Zweck kann die Mittel spezifizieren, aber nicht heiligen. Und natürlich stellt sich auch die Frage: Was sind gute Früchte? Wie lange halten sie? Haben sie ein Verfallsdatum? Ab welchem Zeitpunkt kann man sagen: Das ist nun eine gute Frucht? Darum ist die Theorie der guten Früchte etwas vage. Man sollte beispielsweise nicht in eine opportunistische Zahlenmystik verfallen, denn allein die Anzahl der Beichten sagt noch nichts aus über die Wahrheit von Privatoffenbarungen.

Schließlich zeigt sich in puncto Privatoffenbarungen auch, dass die katholische Kirche eben eine Kirche der Freiheit ist. Sie schafft weder neue Glaubenswahrheiten noch neue Verpflichtungen. Sie sagt, welche Orte sie herausragend findet. Marienheiligtümer wie Lourdes und Fátima ziehen in jedem Jahr Millionen Menschen an. Die Botschaft von Fátima gilt Betern auf der ganzen Welt als Motor für den Frieden und den Fall des Eisernen Vorhangs. Dennoch verpflichtet die Kirche niemanden, an diese Marienerscheinungen zu glauben. Die Kirche erkennt Privatoffenbarungen als solche nicht an, sondern sie sagt: Eine konkrete Privatoffenbarung enthält nichts, was gegen den Glauben der Kirche spricht. Damit kann sie die Gläubigen dazu ermutigen, sich intensiver mit dem Glauben zu befassen und Pilgerfahrten zu unternehmen. Lourdes bestätigte 1858 das vier Jahre zuvor von Pius IX. verkündete Dogma von der ohne Erbsünde empfangenen Jungfrau und Gottesmutter Maria. Auch durch die Heiligsprechung von Sehern sagt die Kirche natürlich etwas aus.

Privatoffenbarungen sind Nachhilfestunden. Die Botschaft von Fátima hat durch den Fall des Eisernen Vorhangs nichts an Aktualität eingebüßt. In Fátima erklärte Maria 1917 den Seherkindern die Lehre von den Letzten Dingen. Das war nötig, denn noch immer ist die Eschatologie der »Wetterwinkel« der Theologie, in dem es immer etwas stürmisch zugeht. In puncto Himmel, Hölle und Fegefeuer wird rasch dialektisch getrickst und relativiert bis zur schlichten Leugnung. Leicht wiegt man sich in trügerischen Hoffnungen bis hin zu einer fromm verbrämten Hoffnungslosigkeit. Ich erinnere mich noch gut an die Vorlesungen von Pater Cándido Pozo SJ, der in den Siebzigerjahren an der Päpstlichen Universität Gregoriana gleichzeitig Eschatologie und Mariologie las und beide Gebiete zu einer souveränen Synthese zusammenführte.

Authentische Katholizität gibt es daher auch ohne den Glauben an Privatoffenbarungen. Dennoch ist die Achtung vor der Überzeugung Hunderttausender und Millionen von Menschen mehr als angebracht, ja gefordert. Gegen Fátima, Lourdes und Guadalupe sollte man weder polemisieren noch sich darüber lustig machen. Wer mit der Geschichte und Botschaft dieser Orte nichts anfangen kann, schweigt besser diskret. Der Umgang der Kirche mit bedeutenden Privatoffenbarungen beweist, dass die Kirche keine geistlichen Engführungen duldet. Höchst unterschiedliche Theologen wie Hans Urs von Balthasar und Karl Rahner haben sich mit Privatoffenbarungen befasst. Dennoch bestehen bis heute gravierende Forschungsdefizite. Das Beste, was dazu geschrieben wurde, stammt aus der Feder Papst Benedikts XIV. (1740–1758) – und der ist seit mehr als 250 Jahren tot. Sein entscheidendes Werk, *De beatificatione*, erscheint gerade in einer lateinisch-italienischen Ausgabe und wird von der Kongregation für die Selig- und Heiligsprechungen herausgebracht. In der Gestalt Benedikts XIV. haben wir ein schönes Beispiel für einen Dialog zwischen dem Nachfolger Petri und den Intellektuellen seiner Zeit – mitten im Jahrhundert der Aufklärung.

Wer nicht betet, verpasst das Wesentliche im Leben.

MARIA UND DIE WEIBLICHE AVANTGARDE DER KIRCHE

Mit der Gestalt Mariens stand eine Frau so sehr im Fokus theologischer und spiritueller Literatur der Kirche, dass man mit dem heiligen Ludwig Maria Grignion de Montfort (1673–1716) feststellen konnte: »De Maria numquam satis« (über Maria nie genug). Eine Feststellung, die der heilige Volksmissionar mit den Worten einleitet: »Mit den Heiligen müssen wir sagen …«[50] Diese Feststellung ist Ausdruck einer Tatsache, hat aber auch den Charakter eines Imperativs. Für die letzten fünfzig Jahre wurde daraus: »De Maria nunc est satis«, frei übersetzt: »Jetzt ist (es) genug über Maria (geschrieben).« Vom »nie genug« zum »jetzt ist es genug« zeigt sich eine Entwicklung, die wir vielleicht als die theologische Übersetzung der *Flucht vor dem Weibe*, die der jüdische Emigrant und bedeutende Psychiater Karl Stern (1906–1975) schon 1965 präzise beschrieben hat, verstehen können. In der deutschen Übersetzung (1968) lautet der Untertitel dieses Buches schlicht »Zur Pathologie des Zeitgeistes«. Diese Pathologie »kristallisiert und mobilisiert sich im Aufruhr gegen eine der größten ›weiblichen‹ Gestalten in der Welt: die Kirche, die Mutter Kirche«.[51] Die Kirche sieht sich selbst als weiblich, als Mutter und Lehrmeisterin, vor allem aber als Braut. Diese Selbstbezeugungen deuten schon an, was dann im Ausdruck »mystischer Leib« greifbar wird: Die Kirche ist ein Organismus, etwas Organisches und nicht in erster Linie Organisation. Karl Stern meint: »Ich glaube, Skandale hat es in der Kirchengeschichte immer dann gegeben, wenn das Organisatorische über das Organische die Oberhand gewann.«[52] Damit wird Organisation nicht überflüssig, sie ist als »Komplement zum Organischen nötig«[53].

Die Weiblichkeit der Kirche, wie sie etwa in der großartigen Brautmystik, aber auch in der Vätertheologie und sogar im mittelalterlichen Kirchenrecht aufblühte, kann noch grundsätzlicher gesehen werden: »In der jüdisch-christlichen Tradition hat die Menschheit bräutlichen Charakter – in der Einstellung des wissenschaftlichen Humanismus ist sie Objekt des Experimentierens«[54].

In der modernen Theologie ist die Kirche tatsächlich zum »Objekt des Experimentierens« geworden und hat zur umfassenden Krise des katholischen Priestertums geführt. In Anlehnung an Karl Stern hat Ida Friederike Görres (1901–1971) sehr zu Recht darauf hingewiesen, »dass es bei dieser Kirchenkrise« nicht so sehr um die Auflehnung gegen die »väterliche Autorität von Papst und Bischof geht. Mir scheinen die Symptome des Aufstandes gegen die Mutter noch viel deutlicher, als deren großes Bild die Kirche seit frühen Zeiten verstanden wurde: Mutter und Jungfrau, wie es etwa die patristischen Forschungen von Pater Hugo Rahner SJ belegen. Seltsam, dass die in der äußeren Repräsentanz vom rein männlichen

Klerus vertretene Kirche doch innen stets in ihrem weiblichen Charakter erkannt wurde. Genau dieser Aspekt wird aber heute angefochten.«[55] Ida Friederike Görres hat in ihrem letzten Buch »Im Winter wächst das Brot« (1970) den Trend der modernen Pastoralbürokratie genau charakterisiert: »In diesem Trend erscheint die Reduktion des Eucharistieverständnisses wie die Feindschaft gegen die Marienverehrung als unmittelbar folgerichtig. Und aus beiden die Abwertung von Opfer, Sühne, Keuschheit, Jungfräulichkeit, die nun alle gerne sogar als heidnisch, vorchristlich, bloß ›religionsgeschichtlich‹ verurteilt werden. Denn in diesen Dingen offenbart sich Geheimnis und zwar in lang ausgereifter Gestalt.«[56]

Weder Karl Stern, der eine Wandlung vom nichtreligiösen Judentum zum kirchlichen Katholizismus durchmachte, noch Ida Friederike Görres können als Fundamentalisten und Fußkranke des Konzils diffamiert werden. Im Gegenteil! Vor diesem Hintergrund ist es durchaus bezeichnend, dass das Brautbild zu den Kirchenväterbildern gehört, die in der modernen Lehre von der Kirche kaum eine Rezeption erfahren haben. Vielleicht ändert sich das mit Papst Franziskus, der als Erzbischof von Buenos Aires in Exerzitien seinen Priestern gerade die Brautmystik sehr intensiv nahe gebracht hat. Dabei ist der Schriftbefund, auf dem die Wertschätzung der Frau – gerade im Neuen Testament – beruht, eindeutig: Jesus hatte in seiner Nahumgebung, ganz im Gegensatz zu den jüdischen Lehrern seiner Zeit, auch Frauen um sich. Seine Besuche bei Maria und Martha zeigen deutlich, dass für ihn die Rolle der Frau jedenfalls nicht im »Heimchen am Herd« aufgeht. Zwei Frauen stehen unter dem Kreuz, aber nur ein Apostel. Und schließlich waren es Frauen, die zuerst das Grab Jesu fanden, und mit Maria ist es eine Frau, die als erster voll erlöster Mensch mit Leib und Seele in die ewige Gegenwart Gottes berufen wurde.

Die Faszination Mariens gerade auf hochgebildete Frauen, wie zum Beispiel die heilige Edith Stein (1891–1942), hat ihren Grund auch darin, dass die Gottesmutter eben kein »einfaches Mädchen« aus Nazaret war. In der Heiligen Schrift wird Maria als eine durchaus selbstbewusste Frau gezeigt. Sie ließ sich bei der Verkündigung des Engels nicht von Fragen abhalten und hakte nach: »Wie soll das geschehen?« (Lk 1,34). Ihr *Magnificat* ist eine dichterische Glanzleistung (Lk 1,46–55). Dass dieser Lobgesang in zahlreiche Sprachen übertragen worden ist, ohne seinen Charme einzubüßen, ist schon ein kleines Sprachenwunder, dem man auch dann nicht entgehen kann, wenn man es im Säurebad historisch-kritischer Exegese auflösen will.

Maria hat Theologen und Künstler aller Zeiten inspiriert. In der Mariologie der Barockzeit diskutierte man auch intensiv die physische Schönheit Mariens. Die bildenden Künste heben Marias intellektuelle Stärken hervor. Italienische Gemälde zeigen die Gottesmutter, wie sie dem heiligen Lukas das Evangelium diktiert. Gerade bei nicht-deutschen Autoren, wie zum Beispiel dem spanischen Jesuiten Martín Antonius del Río (1551–1608), der in kirchenkritischen Kreisen aufgrund seines Handbuchs über Magie und Hexerei gerne scharf kritisiert wird, findet sich eine wunderbare Verbindung von Lyrik und exakt reflektierter Dogmatik. Seine marianische Deutung des Hohenliedes, heute fast unbekannt, gehört zu den schönsten Texten über die Mutter Jesu. Und der Schatz der Mariologie ist noch lange nicht ausgeschöpft. Welche Juwelen es hier noch zu entdecken gibt, zeigen die Bände der regelmäßig stattfindenden mariologisch-marianischen Kongresse. Vor allem bei Autoren der Barockzeit kann man überraschende Einsichten gewinnen – zum Beispiel bei Silvestre de Saavedra (1580–1643), ein Theologe aus dem marianisch geprägten Orden der Mercedarier, oder dem Italiener Ippolito Marracci OMD (1604–1675), auch ein Ordensmann aus einem dezidiert marianischen Orden. Sie bieten in ihren Werken großartige Einsichten und Durchblicke. Beide Theologen finden sich nicht in der neuesten Auflage des Lexikons für Theologie und Kirche. Für Marracci muss man auf die frühere Auflage (1962) zurückgreifen und für Saavedra ist man im deutschen Sprachraum auf das vorzügliche Marienlexikon (1993) angewiesen.

Diese Theologen mit ihren subtilen, zum Teil poetisch-sensiblen marianischen Texten verschwinden im deutschen Sprachraum in Schweigespiralen. Aus einer Privilegien-Mariologie wird so sehr schnell eine ahistorische Problem-Mariologie. Dabei ist Maria gerade als die starke Frau ein interessantes Vorbild für moderne Frauen. In der Mariologie gab es eine intensive Reflexion über Marias Reaktion auf das Leiden und den Kreuzestod ihres Sohnes: Ist die Mutter Jesu unter dem Kreuz zusammengebrochen oder nicht? Maria ist unter dem Kreuz nicht zusammengebrochen. Sie hat die Nerven nicht verloren. Der Schmerz hat diese starke Frau zwar tief in der Seele getroffen, aber nicht bezwungen. Sie hat das Leid durchgetragen und war noch dazu fähig, die Leiche ihres Sohnes auf dem Schoß zu halten. Die Pietà, das Vesperbild, entstand in Anlehnung an das Johannesevangelium und die dreizehnte Kreuzwegstation: »Der Leichnam Jesu wird in den Schoß seiner Mutter gelegt.« Bei Johannes heißt es, dass bei dem Kreuz Jesu seine Mutter stand. Als Jesus gestorben war, bat einer seiner Jünger – Joseph von Arimatäa – Pilatus, den Leichnam Jesu abnehmen zu dürfen. »Und Pilatus erlaubte es. Sie kamen also und nahmen seinen Leichnam ab« (Joh 19,38). Diese Szene lässt erahnen, mit welcher seelischen Kraft Maria den Willen Gottes angenommen hat. Die Pietà verkörpert Hoffnung und Stärke. Daher steht sie vielen heute besonders nahe. Als schmerzhafte Mutter hat sie mit ihren Tränen schon die Tränen ihrer Kinder geweint. Maria ist eine Frau, die unter der Grenzerfahrung eines nahezu übermenschlichen Schmerzes nicht zusammenbricht. Darum ist die Schmerzensmutter das Musterbild einer modernen, selbstbewussten, starken Frau.

Und auch unter ästhetischen Aspekten kommt Maria heute eine Vorreiterrolle zu. Maria ist die »tota pulchra«, die ganz Schöne. Frustrierte Eltern sind im Zeitalter der bauchfrei gepiercten oder magersüchtigen Töchter und der wild wuchernden Tattoos gut beraten, sich an die Mutter des Herrn zu wenden. Deutet man die Interpretationsgeschichte des Hohenliedes Kapitel 4,7 mit ihren marianischen Bezügen, hat man schon den Weg zu einer katholisch grundierten Ästhetik gefunden.

Maria ist ein Leuchtturm und keine Wegbegleiterin ins Nirwana einer Multi-Kulti-Gesellschaft. Auch bei der Hochzeit zu Kanaa bleibt sie cool, als Jesus scheinbar unwirsch reagiert, bleibt sie gelassen und gibt den Dienern souverän die Anweisung: »Was er euch sagt, das tut«, berichtet das Johannesevangelium (Joh 2,5). Der inneren Logik dieser biblisch grundierten Erfahrungen folgt die Kirche in der Marienverehrung. Maria ist immer der Maßstab der religiösen Gesundheit eines Katholiken und der Rechtgläubigkeit eines Theologen. Am Verhältnis zu Maria lässt sich meistens auch das Verhältnis zu Christus und den Dogmen ablesen.

So, wie sich der Mensch nach der Mutter sehnt, sehnt sich der Katholik nach der Gottesmutter. Schon die frühe Kirche hat Marienfeste eingeführt und der Gottesmutter eigene Titel wie die Gottesgebärerin zuerkannt. Im Zeitalter der Frauenbewegung ist die Verehrung der Muttergottes darum das denkbar Zeitgemäßeste. Gott hat sein Konzept des neuen Menschen zuerst an einer Frau »ausprobiert«. Dass der erste erlöste Mensch weiblich ist, ist ein Clou in der Religionsgeschichte. Die Unbefleckte Empfängnis Mariens steht am Anfang der neuen Schöpfung. Gott beginnt seine Schöpfung mit einer Frau ein zweites Mal. Dass der zweite Anlauf nicht mit einem Mann beginnt, hat eine gewisse Dynamik für unsere Zeit und auch für das Bild der Gottesmutter. Maria lässt sich nicht auf ein Attribut reduzieren. Die Christen verehren die Mutter Jesu nicht nur als demütige Magd, sondern auch als Königin und Schutzfrau. Maria ist eine lebendige Persönlichkeit mit vielen Facetten, wie sie in der Lauretanischen Litanei herausgestellt werden. Sie lässt sich nicht in Schablonen pressen. Es wäre ein Fehler, diese oder jene Seite an ihr, die uns besonders gefällt, zu isolieren. Die Gottesmutter ist immer größer als unser Blick auf sie. Das gilt auch für die Glaubensaussagen über sie. Wer einen Glaubenssatz isoliert, steht schon in der Verengung. Dass Maria Jungfrau und Mutter ist, lehrt uns, dass im religiösen Bereich die Gegensätze, die wir von unserer Geschöpflichkeit her kennen, in dieser Form nicht mehr existieren. Mutter und Jungfrau ist genauso leicht oder schwer zu glauben wie der Satz: Gott ist gleichzeitig absolut barmherzig und absolut gerecht. Auch diese beiden Eigenschaften gehen im menschlichen Leben nicht zusammen. Doch ein Blick auf das »Vesperbild« lässt hoffen, dass wir Menschen wie Maria diese Spannung aushalten können. Im Gnadenbild der Wallfahrtskirche Maria Vesperbild weist die Mutter uns durch ihren toten Sohn auf den lebenden Christus im Tabernakel hin. Die Hand der Leiche Jesu, die Maria hält, hat einen ausgestreckten Zeigefinger und dieser deutet auf den Tabernakel, wo Jesus im allerheiligsten Sakrament des Altares wirklich gegenwärtig ist. Maria führt zu Christus – und wo Maria zu Christus führt, ereignet sich im authentischen Sinn des Wortes Kirche.

Während Frauen in vielen Kulturkreisen als minderwertig galten, hat sich die katholische Kirche mit den Marienfesten von einem frauenfeindlichen Klima distanziert – öffentlich und nicht nur im stillen Kämmerlein. Dass die Mutter Jesu ohne Erbsünde auf die Welt kam, feiern Katholiken in allen Erdteilen. Das Fest der Unbefleckten Empfängnis wurde 1476 in der Stadt Rom eingeführt und nahm von da an einen steilen Aufschwung. An Universitäten wie der Sorbonne in Paris legten die Studenten vor dem Erwerb des akademischen Grades einen Eid auf die Unbefleckte Empfängnis ab. Franziskaner, Jesuiten und Dominikaner lieferten sich über dieses Thema einen harten Disput, der durch die Päpste ausgesprochen klug moderiert wurde – ein spannendes Beispiel theologischer Diskussionskultur in der katholischen Kirche. Als Papst Pius IX. das Dogma von der Unbefleckten Empfängnis 1854 verkündete, herrschte weltweite Begeisterung. Der Papst hatte vorher alle Bischöfe befragt, wie es um den Glauben bezüglich der Unbefleckten Empfängnis stehe. Eine zerknirschte Antwort erhielt er aus dem Mutterland des Protestantismus: Ausgerechnet der Kölner Erzbischof Johannes Kardinal von Geissel, selbst ein großer Marienverehrer, musste melden, dass von seinen acht Domkapitularen sechs dieses Dogma ablehnten. Der Erzbischof war darüber tieftraurig. Und sein Domkapitel weigerte sich sogar, den Dom anlässlich des ersten Festes der feierlichen Dogmenverkündung zu illuminieren.

Ungeachtet aller klerikalen Eigenwilligkeit nördlich der Alpen ist die Marienverehrung seit dem Ende des 18. Jahrhunderts stark gewachsen. Das gläubige Volk und die kirchliche Hierarchie zogen an einem Strang. Eine schönere Reaktion auf den Rationalismus der Aufklärung ist kaum denkbar: Dank der Frömmigkeit des Volkes kristallisierte sich die Verbindung zwischen Maria und dem Papsttum heraus. Spätestens seit Pius IX. regierte eine Reihe marianischer Päpste die katholische Kirche. Sie haben die Marienfrömmigkeit entscheidend gefördert, zwei Mariendogmen verkündet und die Kirche unter das Protektorat der Mutter Jesu gestellt. Leo XIII. verfasste mehrere Enzykliken über den Rosenkranz. In »Supremi apostolatus« (1883) verwies er auf den Schutz, den seine Vorgänger durch die Mutter Jesu erfahren hatten: »Da nun diese Gebetsweise augenscheinlich der allerseligsten Jungfrau so überaus wohlgefällig ist und ganz besonders geeignet zur Verteidigung der Kirche und des christlichen Volkes sowie um im öffentlichen wie im Privatleben Wohltaten zu erlangen, so ist es nicht verwunderlich, dass auch andere Unserer Vorgänger bestrebt waren, ihr Lob mehr und mehr zu verkünden und dieselbe zu verbreiten. So bezeugte Urban IV., dass durch den Rosenkranz dem christlichen Volk täglich Wohltaten zuteilwerden; Sixtus IV. erklärte diese Gebetsweise für geeignet, Gott und die allerseligste Jungfrau zu ehren und die der Welt drohenden Gefahren abzuwenden. Leo X. sagte, er sei eingeführt gegen die Stifter von Irrlehren und die um sich greifenden Irrlehren selbst, und Julius III. nannte ihn einen Schmuck der römischen Kirche. Ebenso sagt darüber der hl. Pius V., durch die Verbreitung dieser Gebetsweise würden die Gläubigen, von diesen Betrachtungen erwärmt und durch diese Gebete entflammt, plötzlich in andere Menschen umgewandelt, die Finsternisse der Ketzereien ließen nach und das Licht des katholischen Glaubens beginne zu leuchten.«[57] Papst Pius XI. und sein Nachfolger Pius XII. ermutigten in Enzykliken dringend zum Rosenkranzgebet. Pius XII. weihte die Welt 1942 dem Unbefleckten Herzen Mariens. 1950 verkündete er unfehlbar, dass Maria mit Leib und Seele in den Himmel aufgenommen worden ist.

Auch die Konzilspäpste stehen in dieser Linie. Johannes XXIII. setzte sich für die Maiandacht ein. Paul VI. verlieh Maria den Ehrentitel »Mutter der Kirche«. Darin zeigt sich eine wichtige ekklesiologische Dimension marianischer Frömmigkeit. Denn der theologische Ort, an dem von Maria gesprochen wird, ist die Lehre der Kirche. Und der selige Johannes Paul II., erfahren im Überleben von Diktaturen, gab den Gläubigen als Summa seiner persönlichen Frömmigkeit den Satz mit: »Der Rosenkranz ist mein Lieblingsgebet.« So schließt sich der Kreis einer theologischen Entwicklung in der Neuzeit. Die Kirche ist Mutter – genau wie Maria. Maria ist der erste im Vollsinn erlöste Mensch, der österliche Mensch. Genau das will die Kirche den Menschen vermitteln. Gerade im »Jahr des Glaubens« lohnt sich eine Relecture der Kirchenkonstitution des Zweiten Vatikanischen Konzils *Lumen Gentium*. Dort heißt es im Kapitel über die selige Jungfrau und die Kirche: »Die Gottesmutter ist, wie schon der heilige Ambrosius lehrte, der Typus der Kirche unter der Rücksicht des Glaubens, der Liebe und der vollkommenen Einheit mit Christus. Im Geheimnis der Kirche, die selbst mit Recht Mutter und Jungfrau genannt wird, ist die selige Jungfrau Maria vorangegangen, da sie in hervorragender und einzigartiger Weise das Urbild sowohl der Jungfrau wie der Mutter darstellt« (LG 63). Deswegen ist es auch keine Übertreibung, wenn Gérard Philips zu dieser Stelle feststellt: »In allen Gnadengaben des Mariengeheimnisses leuchtet in verdichteter Form das Geheimnis der Kirche auf.«[58]

Gäbe es einen Wettbewerb für gelungene religiöse und frauengerechte Inkulturation, wäre die katholische Marienverehrung jedenfalls haushohe Favoritin. Schon der deutschen Frauenmystik des Mittelalters gelang mit der Betrachtung des Herzens Mariens eine gefühlvolle Übung katholischer Frömmigkeit. Das überzeugte auch Männer wie den heiligen Johannes Eudes (1601–1680). Mit seiner geistlich-theologischen Betrachtung zur Verehrung des Herzens Mariens wurde er zu einem der Väter der weltweiten Herz-Mariä-Verehrung. In der Wallfahrtskirche von Maria Vesperbild zeigt ein Apsisfresko von 1756 eine Darstellung der von einem Schwert durchbohrten Herzen Jesu und Mariens.

Vom portugiesischen Wallfahrtsort Fátima aus breitete sich die moderne Verehrung des Herzens Mariens seit 1917 weltweit aus. Wie jede authentische Form der Marienverehrung ist sie biblisch begründet. Der Ursprung der Herz-Mariä-Verehrung liegt im Lukasevangelium. Zweimal wird darin auf das

Herz Mariens verwiesen. Maria bewahrte alles, was geschehen war, in ihrem Herzen (Lk 2,19; 2,51). In Fátima wendet sich Maria als liebevolle Mutter ihren Kindern zu und lenkt deren Aufmerksamkeit auf eine Frömmigkeitsform, die es in der Kirche schon lange gegeben hat. Es wird nichts Neues gefordert. Die Gottesmutter gibt eine Nachhilfestunde. Das ist alles. Dabei schärft sie den Blick für Bewährtes und mahnt zu einer intensiveren Beschäftigung damit. »Learning by doing« war das Erfolgsrezept der Seherkinder von Fátima. Auch die heilige Bernadette Soubirous (1844–1879) hat 1858 in Lourdes unter der mütterlichen Anleitung Mariens Geschichte geschrieben. Sowohl von Lourdes als auch von Fátima aus haben katholische Beter Europa befriedet. Die Mutter Jesu ist darum kein ökumenisches Hindernis. Ganz im Gegenteil: Maria ist eine Garantin der Ökumene. Friedlichere Weltverbesserer als Rosenkranzbeter gibt es heute nicht.

Wer die Bedeutung der Marienverehrung im Christentum richtig einordnet, kann ihre heilende Kraft am Beispiel des Verhältnisses von Deutschland und Frankreich beobachten. Etwa zwanzig Jahre nach dem deutsch-französischen Krieg von 1870/71 kamen die ersten Nachbildungen der Lourdes-Grotte in Deutschland auf. An der Wende vom 19. zum 20. Jahrhundert erreichte dieser Trend einen Höhepunkt. Die Ereignisse in Lourdes führten zu einem verstärkten Selbstbewusstsein im Katholizismus gerade auch in Deutschland. Deutsche Nationalisten errichteten Bismarck-Türme und -Denkmäler. Deutsche Katholiken bauten Lourdes-Grotten. Selbst in Zeiten der deutsch-französischen Erbfeindschaft verhieß die gemeinsame Verehrung Unserer Lieben Frau von Lourdes den »Erbfeinden« eine neue Freundschaft.

Die gemeinsame ökumenische Beschäftigung mit Maria bringt die Konfessionen auch heute einander näher. Das verlangt natürlich eine Marienverehrung, die treu zu den Traditionen der jeweiligen konfessionellen Herkunft steht. Wir können uns nicht einfach aus unserer Tradition herausschneiden und etwas Neues anfangen. Die Vorbereitungen auf das Jahr 2017 (Luthers »Thesenanschlag« jährt sich zum 500. Mal) sind eine goldene Chance zur Vergangenheitsbewältigung. Die Lutherjubiläen der vergangenen 200 Jahre waren oft, ja zu oft, Manifestationen des deutschen Nationalismus. Diese Nationalismusgeschichte der Lutherjubiläen muss intensiv aufgearbeitet werden. Hier besteht tatsächlich Handlungsbedarf. Die nationalistische Überhöhung des »deutschen Luther« gehört nämlich sicherlich nicht zu den Ruhmesblättern der Lutherrezeption.

Auf die Agenda des Jubiläums gehören auch eine ökumenische Aufführung des *Magnifikat* von Johann Sebastian Bach und die Lektüre marianischer Texte aus Luthers Feder. Luthers Betrachtung zum *Magnifikat* ist großartig. Aus seiner Feder stammen wunderschöne Texte zur marianischen Frömmigkeit. Ökumeniker, die einen weiten Bogen um die Mutter Jesu machen, täuschen sich. Maria verbindet die getrennten Christen. Es gibt in den protestantischen Konfessionsverbänden auch Richtungen, für die Maria eine große Rolle spielt. Damit können liberale Vertreter in der Tradition Adolf von Harnacks (1851–1930) nichts anfangen. Doch das sind Schwierigkeiten, die protestantische Denominationen in erster Linie untereinander haben und nicht mit den Katholiken.

Auch die Katholiken haben 2017 einen ganz besonderen Grund zum Feiern: vor 100 Jahren erschien die Gottesmutter in Fátima. In dem unter Kriegslasten ächzenden Deutschland feierte man 1917 Luther als deutschen Nationalhelden und unterstützte Lenin, während in Portugal die Mutter Jesu erschien und unter anderem über Russland sprach. Mit Blick auf den Islam fördert die Marienverehrung heute sowohl die psychohygienischen Befindlichkeiten der Einzelnen als auch das interreligiöse Klima insgesamt. In Lourdes bringen muslimische Mütter ihre kranken Kinder an die Quelle. In Maria Vesperbild werden an der Fátimagrotte häufig muslimische Gebetsriemen zu Füßen der Muttergottes abgelegt. Fátima ist der Name einer muslimischen Prinzessin, die zum katholischen Glauben konvertierte. Der Ort Fátima ist nach ihr benannt worden. Natürlich ist die Marienverehrung auch ein religionsverbindendes Element. Zwei Jubiläen, die wie geschaffen sind für einen ökumenischen Brückenschlag. Katholiken und Protestanten lehrt die Geschichte: Konfession und Nationalismus dürfen niemals zusammengehen. Luther sollte etwas weniger deutsch gesehen und Maria etwas besser in Deutschland integriert werden.

Nüchternheit ist bei aller Jubiläumsstimmung ein Gebot der Stunde, auch mit Blick auf die Debatten um die Stellung der Frau in den evangelischen Gemeinschaften. Der Theologe Friedrich Wilhelm Graf hat mit seiner These, viele evangelische Pfarrerinnen seien »eher der Mutti-Typ statt wirklich intellektuell«[59] ein innerprotestantisches Konfliktfeld angedeutet. Graf gehört sicher zu den bekanntesten protestantischen Theologen der Gegenwart und ist ein elegant formulierender Polemiker, der typische Vertreter eines Kulturprotestantismus, der durch brillante Zeitanalysen – gerne auch in der aktuellen Tagespresse – anderen die Teilnahme an dieser Brillanz ermöglicht. Seine These ist keineswegs aus der Luft gegriffen: Bei den hauptamtlichen Funktionsträgern in evangelischen Gemeinschaften gibt es einen Hang zur Feminisierung. Das ist allerdings ein innerprotestantisches Phänomen.

Die selbstbewusste Katholikin wappne sich mit solider Marienverehrung gegen antikirchliche Polemik und feministische Parolen. Jede Frau hat ein Recht auf Diskursverweigerung. Sie muss nicht über jedes Stöckchen springen, das Feministinnen ihr hinhalten. Frauen sind heute so selbstständig, dass sie sich auch von den Gendertheologinnen nichts mehr vorschreiben lassen. Gerade die großen Frauengestalten der Kirchengeschichte beweisen, dass es stets einen enormen Einfluss der Frau in der katholischen Kirche gegeben hat. Man denke nur an den Kirchenvater Hieronymus (347–420) und Egeria. Mit ihrem römischen Damenzirkel (Marzella, Paula, Eustochia) unterstützte Egeria tatkräftig und energisch den doch durchaus grimmigen Heiligen.

Im Spätmittelalter sprengte eine großartige Frauenfigur wie die heilige Birgitta von Schweden (1302–1373) buchstäblich alle Konventionen. Birgitta war ihrer Zeit schon allein durch ihre Weltläufigkeit voraus. Wohl kaum eine Frau ihrer Zeit kannte so viel von der Welt: Mit ihrem Mann pilgerte sie nach Santiago de Compostela und ins Heilige Land. Als Politikergattin, Mutter, als Weltreisende und durch ihr intensives Gebetsleben und die damit verbundenen mystischen Erfahrungen vollzog sie in ihrer Zeit schon einen Quantensprung. Nachdem nun die kritische Edition der Schriften der heiligen Birgitta von Schweden vorliegt, wäre es eine theologisch dankbare Aufgabe, diese umfassend auszuwerten. Aber es geht nicht nur um die Wertschätzung heiliger Frauen. Die katholische Kirche hatte auch kein Problem mit weniger heiligen

Frauen, wie das Beispiel der Konversion der lutheranischen Königin Christine von Schweden (1626–1689) zeigt. Mit dem Verständnis für die exzentrische Königin und ihren Lebenswandel hat die Kirche bewiesen, wie ernst sie weibliche Bedürfnisse tatsächlich nimmt. Christine von Schweden hat den Päpsten viel Freude, aber auch viel Kummer bereitet. An ihrer Person werden die Geduld und Weite des Katholizismus ihrer Zeit deutlich. Mit ihrem Hof in Rom, der weitgehend von der Kirche finanziert werden musste, hat sie der Kirche Probleme geschaffen. Bemerkenswert an ihr aber ist: Eine Frau verzichtet freiwillig auf die Herrschaft und zieht sich in die Hauptstadt des väterlichen Erzfeindes zurück. Das hat etwas. Unübersehbar ist ihr starker religiöser Wille. Rückwärtsgerichtete Psychoanalytiker mögen versuchen, ihn im Säurebad eines Vater-Tochter-Konfliktes aufzulösen. Christine von Schweden war jedoch nicht nur mit einer Portion Frechheit gesegnet, sondern spielte auch kulturell eine wichtige Rolle. Sie hat sich auch in theologische Streitfragen ihrer Zeit aktiv eingemischt – nicht immer positiv, aber jedenfalls stets mit erheblicher Wirkung.

Wer die weibliche Avantgarde der Kirche sucht, wird traditionell am ehesten in Klöstern und der Ordensgeschichte fündig. Frauenkonvente haben von der Christianisierung Europas an weibliche Freiräume geschaffen. Hildegard von Bingen las dem Kölner Domkapitel ob dessen Laxheit die Leviten. In den Frauenabteien von Bad Hersfeld, im spanischen Las Huelgas oder in Apulien konnte die Äbtissin Jurisdiktionsgewalt ausüben und hatte Vollmachten, die sonst einem Bischof vorbehalten waren. Gäbe es eine wissenschaftlich ernst zu nehmende feministische Geschichtsschreibung, müsste sie vor den Toren dieser Klöster in die Knie gehen. Manche Radikalfeministin bekommt wahrscheinlich die Krätze, wenn sie beispielsweise die Schriften der heiligen Teresa von Ávila (1515–1582) liest. Aus ihrer Autobiografie *Das Buch meines Lebens* spricht eine voll emanzipierte Frau ohne eine Spur Emanzipationsschrott. Nichts lag der willensstarken Karmelitin ferner als eine genderideologisch aufgeblasene Theologie. Kinder, Küche, Kirche war nie Teresas Credo. Dafür pochte sie auf die finanzielle Unabhängigkeit ihrer Nonnen. Und das bedeutete: Raus mit den Sponsoren und Schwätzern aus den Sprechzimmern. Raus mit den Stadträten von Ávila, die Teresa einen Tag nach der Eröffnung ihres ersten Reformklosters San José schon mit Schließung drohten. Raus mit Tanten, Onkeln, Geschwistern, Cousins und Cousinen der eigenen Sippe.

In ihrem Werk *Weg der Vollkommenheit* macht sie Verwandte sogar als Risikofaktor für das geistige Leben aus. Die Nonnen erhalten den ernst zu nehmenden Tipp, die lieben Verwandten »sehr eifrig Gott zu empfehlen, aber, so gut wir können, aus unserem Gedächtnis zu entfernen«[60]. Konsequent, wie sie war, verschärfte sie die Klausur als Firewall gegen Familienstress. Über mangelnde Anerkennung konnte sich Teresa nicht beklagen. Kirchenfürsten inklusive. Bei den Feierlichkeiten zur Einweihung des neuen Karmel in Sevilla kniete der Erzbischof vor den Augen der Bevölkerung vor Teresa nieder und erbat ihren Segen.

So sah wahre Reform im 16. Jahrhundert aus: Die Ordensoberen des Karmel gaben der quecksilbrigen Teresa den Auftrag, ihre geistlichen Erfahrungen niederzuschreiben. Diese Niederschriften wurden zu geistlichen und literarischen Klassikern der spanischen Hochkultur im Goldenen

Zeitalter. Sie wurde geradezu ermuntert, kreuz und quer durch Spanien zu reisen, um Klöster für nicht minder muntere Nonnen zu gründen. Eine Hoffnungsträgerin der jungen Frauen in Kastilien. Sogar Damen des Hochadels baten um Aufnahme bei den Unbeschuhten Karmelitinnen. 1552 war nach vielen nachreformatorischen Wirren nördlich der Alpen Luthers Witwe Katharina von ihrem mühseligen Hausfrauendasein erlöst worden. Ohne Reisen wie Teresa unternommen zu haben, ohne der Nachwelt ein literarisch bedeutsames Werk zu hinterlassen. Kein Leitstern einer jungen Generation, sondern ein stilles Mahnmal für Frauenschicksale der Reformation, das für Jahrhunderte stilbildend für das evangelische Pfarrhaus war. Und dieses evangelische Pfarrhaus war sicherlich kein bevorzugter Ort weiblicher Emanzipation, sondern lässt sich eher als Weg »vom Kloster zur Küche« bezeichnen.[61]

300 Jahre nach Teresas Seligsprechung, 1914, lobte der heilige Papst Pius X. in einem Schreiben an die Generaloberen der Unbeschuhten Karmeliten die Bücher der spanischen Kirchenlehrerin. »Wer diese durchgelesen hat, benötigt nämlich tatsächlich keine weiteren Unterweisungen, wie er sein Leben in einer gottgefälligen Weise einzurichten hat. Hier zeigt nämlich die bedeutende Lehrerin den sicheren Weg der Frömmigkeit von den grundlegenden Anfängen eines christlichen Lebens bis hin zur Vollendung und Vollkommenheit der Tugend.«[62] Nicht einmal Teresas Mitstreiter, der heilige Johannes vom Kreuz, ein Absolvent der berühmten Universität von Salamanca, hat vom Nachfolger Petri ein größeres Lob bekommen.

Es ist durchaus kein Zufall, dass eine Kirchenlehrerin vom

Format der heiligen Teresa von Ávila den Zopf einer patriarchalisch geprägten Familienromantik abgeschnitten hat – und zwar 150 Jahre, bevor der deutsche Biedermann heiße Tränen der Rührung über Lotte und Werther vergießen sollte. Für Frauen, die mehr vom Leben wollten als den Durchschnittsmann, war die katholische Kirche schon immer die sicherste Zuflucht. Papst Benedikt XIV. (1740–1758) förderte den beruflichen Aufstieg der hochbegabten Mathematikerin Maria Gaetana Agnesi (1718–1799). Die Verfasserin der *Analytischen Gesetze* wurde von ihm als 32-Jährige auf den Lehrstuhl für Mathematik und Naturphilosophie der Universität Bologna berufen.

Für die mexikanische Ordensfrau Sor Juana Inés de la Cruz (1651–1695) wurde ihre Klosterzelle das Zentrum ihrer literarischen Schaffensfreude. Bei den Hieronymitinnen schuf sie ein umfangreiches und sehr vielseitiges Werk – von geistlichen Theaterstücken und Gedichten bis zur profanen Dichtung. Als uneheliches Kind hatte die brillante junge Frau nicht die besten Voraussetzungen für den Start ins Leben. Im Kloster konnte Sor Juana Inés ihre intellektuellen Fähigkeiten ungestört entfalten. Viele Gelehrte ihrer Zeit suchten das Gespräch mit ihr.

Auch eine so umstrittene Frau wie die spanische Franziskanerin Maria von Ágreda (1602–1665) zeigte, dass hinter Klostermauern schöpferische Energien freigesetzt werden. Maria von Ágreda ist eine ganz besondere Erscheinung. Als Mystikerin erlangte sie mit ihrem extrem umstrittenen Werk *Die mystische Gottesstadt* einen großen Bekanntheitsgrad. Viel spannender ist allerdings ihr Briefwechsel mit König Philipp IV. von Spanien. Er bietet Einblick in die Werkstatt weiblicher Einflussnahme aus religiösen Motiven in schwierigsten politischen Situationen. Darin präsentiert sich Maria von Ágreda dem Leser als eine hochintelligente, gebildete und politisch klar denkende Frau, eine Spitzenintellektuelle, die Ratschläge gibt und mit großem psychologischen Geschick auf die Schwächen des Königs eingeht.

Gibt es Vergleichbares in der Religionsgeschichte? Solche Biografien bringen Radikalfeministinnen in Schwierigkeiten. Ihnen hilft angesichts der geballten Frauenpower in der katholischen Kirche nur noch der gute alte Unterwerfungstrick in der Interpretation des literarischen Erbes: Eigentlich hat sie doch genau das Gegenteil gemeint von dem, was sie gesagt hat, oder etwa nicht? Denn sie war ja in einer unterdrückten Position und konnte deswegen nicht so reden, wie es notwendig gewesen wäre. Zwischen den Zeilen habe sie doch versteckte Signale gesendet. Den Radikalfeministinnen sollte diese hermeneutische Spielwiese überlassen werden, da sie zur absoluten Beliebigkeit jeder Aussage führt. Jahrhunderte ehe der Operettensong »Onkel und Tanten, das sind Verwandte, die man am liebsten nur von hinten sieht« auf der Bühne zum Besten gegeben wurde, schufen Frauenklöster Freiräume für enorme Kreativität außerhalb der traditionellen Familie.

Und die Geschichte der Frauenorden bietet noch zahlreiche weitere Beispiele dafür, dass originelle Persönlichkeiten in ihren Klöstern ein sehr bewusstes, erfülltes Leben führen konnten. Ihr Gehorsam beruht auf einer freiwilligen Entscheidung. Darum bricht das Gehorsamsgelübde ihnen nicht das Rückgrat. Im Gegenteil: »Gehorsam verleiht Kräfte«, berichtet Teresa von Ávila im *Buch der Klostergründungen* aus eigener Erfahrung.[63] Zum Problem wird der Gehorsam erst, wenn Lebensprozesse festgelegt werden, derer wir uns nicht bewusst sind. Gehorsam hebt sozusagen unser Leben auf eine höhere Ebene. Er steht einer originellen Persönlichkeitsentwicklung nicht im Wege, sondern fördert sie.

Maria ist ein Leuchtturm und keine Wegbegleiterin ins Nirwana einer Multi-Kulti-Gesellschaft. Das feministische Lila ist nur eine Verwässerung des marianischen Blau.

BUNTE VÖGEL TRAGEN SCHWARZ

Manche Eltern fallen aus allen Wolken, wenn ihr Sohn Priester werden will. Ich habe das am eigenen Leib erlebt und neige dazu, diese jungen Menschen erst einmal zu beglückwünschen. Sie lernen schon am Anfang, dass Priestersein keine Selbstverständlichkeit mehr ist. Wer den katholischen Glauben ernst nimmt und einer geistlichen Berufung folgt, muss immer noch fürchten, bei Gleichaltrigen als uncool zu gelten. Doch zeichnet sich hier im Vergleich zu den Sechziger- und Siebzigerjahren des 20. Jahrhunderts eine Trendwende ab. Der religiöse Jugendliche kann heute durchaus einen Extrabonus genießen. Natürlich nicht, wenn der Heilige Krieg auf unseren Schulhöfen ausgetragen wird. Doch bin ich der festen Überzeugung: Echt cool ist nur der, der echt katholisch ist und das auch zeigt. Wer gegen den Willen der Eltern ins Seminar eintritt, wird also nicht aus familiärem Zwang, um seiner Mutter einen Gefallen zu tun oder fremdbestimmt den Weg zum Priestertum beschreiten. Er nimmt auch in Kauf, dass bisher gegebene familiäre Sicherheiten erschüttert werden. Das ist heute nicht der schlechteste Weg. Für Ordensleute gilt das Gleiche. Beide Lebensformen haben alle denkbaren Formen gesellschaftlicher Verachtung seit Jahrhunderten heil überstanden. Papst Leo XIII. schrieb 1899 an Kardinal James Gibbons: »Die Geringschätzung der Tugenden des Evangeliums, welche in unzutreffender Weise ›passiv‹ genannt werden, bereitete einer allmählich um sich greifenden Verachtung des Ordenslebens den Weg. Und dass dies den Förderern der neuen Ansichten gemein sei, folgern wir aus bestimmten Aussagen bezüglich der Gelübde, welche in den Orden abgelegt werden. Sie sagen nämlich, dass die Gelübde kaum mit der Eigenart unserer Zeit in Einklang stünden, da sie die Freiheit des Menschen einschränkten, und sie seien besser für die schwachen Menschen geeignet als für die starken; und schließlich seien sie für die christliche Vollkommenheit und das Wohl der menschlichen Gesellschaft völlig nutzlos, ja sie stünden beiden im Weg und seien dafür hinderlich. – Wie falsch jedoch diese Behauptungen sind, zeigen ganz deutlich Gewohnheit und Lehre der Kirche, die diese Lebensweise immer gebilligt hat. Und das keineswegs zu Unrecht, denn wer diese Lebensweise, von Gott berufen, aus freiem Entschluss wählt, gibt sich nicht mit den Pflichten zufrieden, die die Gebote jedem Menschen auferlegen, sondern er geht zu den evangelischen Räten weiter und stellt sich so Christus als tüchtiger und entschlossener Kämpfer zur Verfügung. Und da sollen wir glauben, dass das etwas für schwächliche Seelen ist?«[64]

Die evangelischen Räte Armut, Keuschheit und Gehorsam taugen auch in einer genderbewegten Gesellschaft noch als Stachel im Fleisch. Gerade weil der Gegensatz so tief ist und der Boulevard Honig aus Scheidungen katholischer Christen saugt, heben sich die evangelischen Räte umso deutlicher vom gesellschaftlichen Mainstream ab. Zerbrochene Lebensformen, sei es die Ehe, sei es die Ehelosigkeit, sind immer tragisch. Zeitgeistige Betroffenheitslyrik als Staubzucker über menschliche Abgründe klärt allerdings nichts und hilft niemandem. Wenn aus Amtsträgern Funktionäre werden, entstehen Funktionärseliten. Sie verhalten sich in allen Gesellschaftsordnungen gleich. Dagegen stehen das katholische Priestertum und die Ordensberufung.

Klöster sind auch heute Wegweiser für viele junge Menschen, die ihre Berufung suchen. Ich erinnere mich noch genau, wie ich die erste *Summa theologica* des heiligen Thomas von Aquin erworben habe. Es war mein Arbeitslohn für Hilfsarbeiten in einer Klosterbibliothek. Diese Ausgabe begleitet mich noch heute. Am heiligen Thomas besticht die kristalline Klarheit und die tiefe Frömmigkeit seines Lebens. In Gilbert Keith Chesterton hat er seinen besten Biografen gefunden. Der heilige Thomas hat es verstanden, eine glasklare Sprache mit mystischer Erfahrung zu verbinden. Vielleicht hat kein Theologe so genial die Vereinigung von ratio und fides in seinem theologischen Werk vollzogen. Und der heilige Thomas ist der Referenzpunkt, auf den man sich immer wieder beziehen kann. Bei jeder theologischen Frage sollte man zuerst einmal nachschauen, ob und wie sich Thomas dazu geäußert hat. Die Genialität und Demut dieses Theologen sind ein so beeindruckendes Zeugnis, dass man sich extrem klein vorkommt, wenn man auf ihn schaut. Im »Jahr des Glaubens« verdienen auch die Werke des heiligen Thomas eine Relecture. Sie sind die beste Prophylaxe gegen die Gefahr, Theologie als akademisches Glasperlenspiel zu betreiben. Wissenschaftliche Theologie und persönliche Frömmigkeit sind keine feindlichen Brüder. Deutlich wird das an den franziskanischen, dominikanischen und karmelitischen Bewegungen.

Sie verkörpern eine Synthese von wissenschaftlicher Theologie und persönlicher Frömmigkeit. Ein Theologe ohne Frömmigkeit ist ein Widerspruch in sich selbst.

Bei der Lektüre der Werke von Thomas von Aquin und Bonaventura dürfte übrigens allen ein Licht aufgehen, die meinen, sich im Zeitalter der »digital natives« rudimentäre Lateinkenntnisse leisten zu können. Wer die lateinische Sprache nicht sicher beherrscht, dem fehlt der Schlüssel zu den Schätzen der Tradition. Das führt natürlich zur Unkenntnis, und Unkenntnis fördert haltlose Anpassung und Zeitgeistereien. Mit Johannes XXIII., der ja in besonders feierlicher und herausgehobener Weise die Apostolische Konstitution *Veterum Sapientia – Die Weisheit der Alten* unterzeichnet hat, bin ich der Meinung, dass gute Lateinkenntnisse nicht unwichtig sind für eine priesterliche Existenz. In diesem weitgehend in Vergessenheit geratenen Text unterstreicht der Papst die Bedeutung des Lateinischen als universaler Kirchensprache in der Priesterausbildung. Infrage gestellt wurde die traditionelle Priesterausbildung schon damals. Doch spricht Johannes XXIII. Klartext an die Adresse aller, die in übertriebener Begeisterung für die naturwissenschaftlichen Entwicklungen ihre Lateinstudien vernachlässigen. Alle theologischen Hauptfächer seien in der Sprache der Kirche zu unterrichten. Davon ist der theologische Universitätsbetrieb heute natürlich meilenweit entfernt. Dennoch gilt für Theologen, dass sie ohne Beherrschung der lateinischen Sprache noch nicht einmal fähig sind, das Zweite Vatikanische Konzil richtig zu verstehen.

Die Glaubenskongregation empfiehlt außer der Lektüre der Konzilstexte, im »Jahr des Glaubens« die Begegnung mit Christus durch authentische Glaubenszeugen zu fördern. Die persönliche Top-Liste könnte beispielsweise in das tägliche Gebet einfließen. An die allabendliche Vesper könnte man das Martyrologium für den nächsten Tag anhängen. Zu meinen Favoriten gehören neben meinem Namenspatron die Heiligen, die aus dem Collegium Germanicum in Rom hervorgegangen sind, aber auch unbekannte Heilige wie der heilige Pedro de Arbués (1441–1485) aus Saragossa. Die Namen und Lebenszeugnisse der Heiligen eröffnen jeden Tag Horizonte vom frühen Christentum bis zum Spanischen Bürgerkrieg, den nationalsozialistischen und kommunistischen Verfolgungen. Diese Schicksale sind in der Regel nur ganz kurz, aber sehr prägnant skizziert und machen deutlich, dass es über die Jahrhunderte hinweg immer authentische Glaubenszeugen gab, deren gemeinsames Merkmal in einer starken Persönlichkeit bestand. Zum authentischen Glaubenszeugen gehört es, Nein zu sagen, wenn alle Ja sagen, und Ja zu sagen, wenn alle Nein sagen – und diese Entscheidung notfalls bis zum Martyrium durchzutragen. Das Beten des Martyrologiums ist eine sinnvolle Ergänzung des Stundengebets. Seit 2004 liegt das reformierte *Martyrologium Romanum* schon in der zweiten Auflage vor. Das Breviergebet selbst sollte für den Priester keine Pflichtübung, sondern selbstverständlich sein. Die Bedeutung dieses priesterlichen Gebets hat das Provinzialkonzil von Utrecht 1865 sehr schön herausgestellt: »Weitaus vortrefflicher als alle anderen sind nämlich die Gebete, die wir beim heiligen Messopfer und beim Stundengebet sprechen. Wir suchen sie uns nicht selbst aus, sondern Gott gibt sie uns durch den Dienst der Kirche vor und legt sie uns in den Mund, um unsere Frömmigkeit zu nähren und uns seine Barmherzigkeit zu erweisen.«[65]

Zu den Konstanten im Leben des Priesters gehört an erster Stelle die tägliche Feier der heiligen Messe. Sie muss selbstverständlich sein und den Alltag prägen. Der Urlaub darf nicht zur zelebrationsfreien Zeit werden. Dazu kommt das Breviergebet, das den Alltag von den Laudes bis zur Komplet vor der Nachtruhe strukturiert. Durch das Breviergebet gliedert sich der Priester immer wieder in die Communio des Presbyteriums ein, die wesentlich eine Gebetsgemeinschaft ist. Ein Priesterleben ohne Zeiten der Stille ist nur schwer vorstellbar. In den Ordens- und Priesterseminaren gab es früher das streng einzuhaltende »silentium religiosum«, also das gläubige Schweigen. Die Lärmverschmutzung ist heute im Alltag überall gegenwärtig. Stille findet man nicht einfach wie beim Straßenbau, wo beispielsweise Flüsterasphalt verwendet werden kann. Doch in katholischen Kirchen ist die Stille vor dem Tabernakel zu finden: als Flüsterasphalt für den Alltag. Mein persönlicher Tipp dazu: der kurze Besuch einer Kirche, sich hinknien und wenigstens ein paar Minuten auf den Tabernakel schauen. Stille zu suchen, ist aber auch eine Kunst im Alltag. Es muss nicht ständig ein Radio oder ein Fernseher laufen. Es muss auch nicht ständig irgendeine Musikberieselungsanlage in Betrieb sein.

Und auch die marianische Dimension gehört unbedingt zum Priesterleben. Maria ist die Mutter und Königin der Priester. Maria führt den Priester. Das marianische Gebet gehört in den Alltag des Priesters: konkret der Rosenkranz und wenn möglich am Samstag auch im Brevier die Texte von der Feier der Gottesmutter. Den Samstag als Marientag zu feiern und in der heiligen Messe aus den Schätzen des wunderbaren marianischen Messbuchs, das im Jahre 1987 von der Gottesdienstkongregation unter dem deutschen Benediktinerkardinal Augustin Mayer herausgegeben wurde, zu beten, ist eine ideale Vorbereitung auf den Sonntag als Herrentag. Der Priester soll sich jeden Tag durch den Rosenkranz neu an die Mutter »ketten« und sich von ihr durch den Tag ziehen lassen.

Neben der täglichen Messfeier und dem Brevier gehören auch die geistliche Lesung sowie die konsequente wissenschaftliche Lektüre zum priesterlichen Lebensstil dazu. Bücher sind ein Tor zum geistlichen Profil. Sogar der Pfarrer von Ars besaß eine, angesichts der Zeitumstände, bemerkenswert umfangreiche Bibliothek, die das Image vom ungebildeten Dorfpriester Lügen straft. Der deutsche Ausdruck »Geistlicher« hat schließlich etwas mit Geist zu tun. Der Geist aber muss gefüttert werden – am besten mit weiterbildender Lektüre, die dazu führt, dass der Geistliche die geistlichen und intellektuellen Strömungen der Gegenwart genau kennt und reflektieren kann. Ein Priester ohne Neigung zum Zweitbuch ist schlecht vorstellbar. Und nicht selten erweist sich die profane Literatur als Hilfestellung für geistliche Fragen.

Ich erinnere mich genau, wie ich durch Thomas Manns *Zauberberg* auf Innozenz III. gestoßen bin. Thomas Mann lässt in seinem *Zauberberg* einen Jesuiten auftreten, der die Schrift Innozenz' III. *Über die Verachtung der Welt* zitiert. Im Sommer 1968 (!!) habe ich *De contemptu mundi* von Innozenz III. (1198–1216) in der Kölner Ausgabe von 1562 exzerpiert und war tief beeindruckt. Dieser Papst, den ich bisher nur als genialen Politiker kannte, besaß eine tiefe Frömmigkeit und auch Distanz zur Welt. Innozenz III. war vielleicht der mächtigste Papst, den die Welt je gesehen hatte, und gleichzeitig der souveräne Meister der Entweltlichung. Reinhold Schneider

(1903–1958) hat diesem Papst ein beeindruckendes literarisches Denkmal gesetzt. Weltverachtung ist immer ein legitimer Strom christlicher Aszese gewesen. Eine Kirche, die sich zur Welt hin zu sehr öffnet, verweltlicht rasch. Das beste Beispiel bietet das Papsttum der Renaissance. Kulturell gesehen, nahm die katholische Kirche in jener Zeit eine Spitzenposition ein – nie war sie zeitgemäßer, offener für den Zeitgeist in Literatur, bildenden Künsten und auch in der Politik. Genau das wird ihr heute von vielen mit erhobenem moralischen Zeigefinger heftig vorgeworfen. Ein Zug zur Entweltlichung ist also notwendig. Weltverachtung bedeutet positiv ausgedrückt: die irdischen Gegebenheiten als zweitrangig zu betrachten und gleichzeitig die Schöpfung zu bejahen und sich auch an ihr zu freuen. Demgegenüber haftet an der puritanischen Weltverachtung auch ein bisschen der Ruch leicht bigotter Resignation. Das passt nicht zum katholischen Lebensgefühl. Dazu gehört Freude an der Schöpfung und auch ein gewisser Schöpfungsoptimismus.

Auch die Predigten Innozenz' III. sind herrliche Glaubenszeugnisse. Diese mittelalterlichen Texte erschließen uns eine geistliche Welt von großer Weite. Vor allem die vier Schriftsinne – historisch, allegorisch, moralisch und anagogisch (d. h. Ausdruck der Hoffnung) – habe ich in ihrer Anwendung durch Innozenz schätzen und lieben gelernt. Der berühmte französische Theologe und spätere Kardinal Henri de Lubac (1896–1991) hat die vier Schriftsinne großartig dargestellt und damit auch »rehabilitiert«. Innozenz III. war ein Papst, der als Theologe auf der Höhe seiner Zeit war. Sein gesundes Distanzverhalten zur Welt befähigte ihn, der Welt das Christentum nahezubringen. Dazu kommt, dass man bei Innozenz III. eine biblisch reflektierte Petrus- und »Primatsfrömmigkeit« findet. Sie zeigt, dass das Papsttum eben nicht nur eine rein juristisch-dogmatische Fixierung ist, sondern dass es auch eine petrinische »Primatsfrömmigkeit« gibt, an der sich Päpste durchaus messen lassen müssen. Die römische Kurie dieser und späterer Zeiten war auch und nicht zuletzt eine sehr intensive liturgische Gebetsgemeinschaft. Innozenz selbst hat sich immer an diesem Ideal gemessen und zwar in großer Demut. Er wusste um seine Grenzen. Er hatte Erfolg, weil er ein Meister der Entweltlichung war.

Entweltlichung ist nicht erst seit der Freiburger Rede Papst Benedikts XVI. im September 2011 ein Thema für Christen. Schon der Anblick der Zivilkleidung mancher Priester erinnert daran, dass Krawatten eine Stylingsünde sein können. Verspießerung, die krampfhafte Suche nach gesellschaftlicher Akzeptanz, dabei eine wachsende Rollenunsicherheit aufgrund einer defizitären Theologie des priesterlichen Amtes zeigen sich durchaus von Kopf bis Fuß – von gefärbtem oder gegeltem Haar bis zu den Markenturnschuhen. Turnschuhe am Altar sind hoffnungslos anachronistisch. Selbst Joschka Fischer trägt Turnschuhe heute nur noch zum Joggen. Priester im Turnschuhlook sind eine aussterbende Spezies. Man findet sie heute schon viel seltener unter jungen Geistlichen. Verbreitet sind sie unter vergrämten Altachtundsechzigern, die noch immer die Schlachten der Siebzigerjahre schlagen. Tatsächlich sollten Geistliche ihr Bewusstsein für Kleidung schärfen. Priester sind dazu verpflichtet, überall Zeugnis abzulegen. Das geschieht schon schweigend dadurch, dass sie in Priesterkleidung erscheinen. Das viel geschmähte Birett etwa beweist durchaus guten Geschmack. Denn auf dem Friedhof ist eine

Baskenmütze über dem Rochett sicher weniger passend. Auch ein Priester, der auf dem Weg zum offenen Grab einen Schirmträger hinter sich herlaufen lässt, wirkt peinlich. Das Birett wurde im Lauf der Jahrhunderte immer auch als Symbol für die Dornenkrone gesehen. Birettträger setzen auch ein Signal, dass es bei dieser Kopfbedeckung um mehr geht als nur um eine ästhetische Frage. Natürlich sagt das Birett nichts über die Qualität eines Priesters aus. Da es aber niemandem richtig steht, ist es ein wirksames Zeichen gegen die Eitelkeit.

Um das Gespür für die stumme Predigt priesterlicher Kleidung und Gewänder zu sensibilisieren, gibt es die Gebete, die der Priester beim Anlegen der Paramente vor der Feier der heiligen Messe beten sollte. Sie sind im Jahr 2010 von der Gottesdienstkongregation im *Compendium eucharisticum* wieder ins Gedächtnis gerufen worden. Dieses *Compendium* enthält wichtige liturgische und außerliturgische Texte zum Messopfer und seinem Umfeld. Dazu gehören eben auch die Gebete zum Anlegen der liturgischen Kleidung, zur Vorbereitung auf das heilige Messopfer und auf die Danksagung danach. Vielleicht ist es kein Zufall, dass gerade im Land der liturgischen Bewegung dieses *Compendium* bisher kaum zur Kenntnis genommen, geschweige denn übersetzt worden ist.

Die heilige Handlung soll sich schon in Kleidung und Kommunikationsstil deutlich von der Welt unterscheiden. Der Münsteraner Philosoph Josef Pieper hat mit seiner Skepsis gegenüber der »Stola über dem Jeansanzug« den Nagel auf den Kopf getroffen.[66] Wir feiern in der Liturgie göttliche Geheimnisse. Der Geheimnischarakter, das Mysterium der Liturgie, muss in den äußeren Formen erkennbar werden, es gibt sie nämlich wirklich, die »Häresie der Formlosigkeit«, die

Martin Mosebach so eindringlich beschrieben hat. Die Gläubigen sollen sehen, dass in der Liturgie eine Grenze aus dem Alltag heraus überschritten wird und sich das Leben auf das Geheimnis Gottes hin öffnet. Sakrale Räume entgrenzen den Alltag und entfalten damit ihre Signalwirkung. Genau genommen, braucht man noch nicht einmal zu glauben, um diese Signalwirkung anzuerkennen. Man könnte durchaus auf das moderne Regietheater verweisen. Es beruht eben darauf, dass gerade auch Grenzüberschreitungen immer bestimmte Inhalte signalisieren.

Es gibt keinen Inhalt ohne Form. Insofern ist auch die Gestaltung der Kirchengebäude schon eine wortlose, aber laut hallende Predigt. Das Modell der ellipsenförmigen »leeren Mitte« im Kirchenschiff illustriert das sehr deutlich: Die »leere Mitte« ist ein sinnfälliger Ausdruck für ein geistig-geistliches Defizit. Auch wenn die Maxime, dass für Gott nichts zu schön ist, ein Comeback in der Sakralarchitektur verdient hätte, kommt es bei der Feier der Liturgie auf etwas anderes an. Essenziell für die »ars celebrandi«, die Kunst der Zelebration, ist die Ehrfurcht, das Aufleuchtenlassen des Geheimnisses am Altar. Die Person des Priesters muss hinter seinem Amt und dessen Vollzügen zurücktreten. Der Priester selbst muss bei der Zelebration authentisch sein. Das heilige Messopfer ist eben kein Happening, bei dem eucharistisches Kleingebäck verteilt wird. Die Feier des heiligen Messopfers darf nicht zum liturgischen Dschungelcamp werden. Der ideale Priester verschwindet im Ensemble des Altars. Die Blicke der Menschen richten sich nicht auf das Gesicht des Priesters, sondern auf die erhobene, konsekrierte Hostie in der heiligen Wandlung. Das ist einer der Grundpfeiler für die ars celebrandi. Wenn Theologen die Zelebrationsrichtung »versus Deum« – zum Altar hin – als »Zelebration zur Wand mit dem Rücken zum Volk« bezeichnen, zeugt das schlicht von historischer und theologischer Unbildung.

Die Arroganz des theologischen Nichtwissens ist tatsächlich ein großes Problem – im Klerus ebenso wie unter den Laien. Ein eindrucksvolles Beispiel dafür schildert der Schriftsteller Martin Mosebach an der Figur der Stella in seinem Roman *Ruppertshain*: »Weder er noch ich werden einen Priester am Sterbebett haben – freilich aus unterschiedlichen Gründen. Er, weil er ein gottloser Lump ist, und ich, weil ich die Reformpriester nicht leiden kann.«[67] Stella hat natürlich unrecht, denn der Priester ist in der Spendung der Sakramente völlig unabhängig von seiner sittlichen Qualität, ja sogar von seinem Glauben. Ob er Krawatte trägt und Memoranden unterschreibt oder nicht, spielt überhaupt keine Rolle. Die Sakramente der Kirche sind »ex opere operato« – aus ihrem Vollzug heraus – wirksam. Daher ist es am Sterbebett immer sinnvoll, einen Priester zu haben. Wir müssen uns mehr anstrengen, auch in Priestern, die uns nicht sympathisch sind und vielleicht sogar verdrehte Auffassungen vertreten, den »anderen Christus« zu erkennen. Gott wirkt im Priester »ex opere operato«, und erst das macht viele Priester erträglich. Als 68er habe ich das klerikale Spannungsfeld nach dem Zweiten Vatikanischen Konzil erlebt. Revolutionsromantik war ein Charakteristikum der Priester meiner Generation. Es gab einen Bildersturm. Ein Druckdatum vor 1965 reichte aus, um ein Buch als überholt anzusehen und gar nicht erst zu lesen. Das Herz der Revolutionäre schlägt heute noch unter so mancher Priesterkrawatte und äußert sich in Memoranden, die eigentlich anachronistisch sind.

Heute stehen Priester in anderen Spannungsfeldern. Als »Diener der Freude« müssen sie den Bogen zwischen Mitleiden und Aushalten, aber auch Überidealisierungen meistern. Zudem besteht heute objektiv die Gefahr, als Priester benutzt zu werden: als eine Art Sozialingenieur, Eventanimateur oder Folklorebegleiter für verschiedene Lebensabschnitte. Nach einem Pauluswort (2 Kor 1,5) ist der Priester insofern Diener der Freude, als er tatsächlich den Menschen verkünden kann: Du bist erlöst, musst nicht in die ewige Verdammnis und kannst ins Himmelreich kommen. Dein Wert ist so groß, dass deine Handlungen hier geradezu Ewigkeitswert haben. Zur Freude gehört natürlich auch das Leid. Freude ohne Leid gibt es nicht. Die Passionsfrömmigkeit macht das anschaulich, aber auch das Leben der Heiligen. Wir müssen den Weg aufzeigen, wie man durch Leiden und Mit-Leiden zur Freude gelangen kann. Seeleneifer ist die entscheidende Hauptantriebskraft. Begriffe, die durchaus sinnvoll sein mögen, wie kooperative Pastoral, Pastoralplanung und Pastoral-Psychologie, sind inflationär geworden. Es ist typisch, dass man heute so viel von der »Pastoral« und so wenig von der »Seelsorge« spricht. Im Mittelpunkt allen priesterlichen Handelns sollte die »Sorge um die Seele«, das Seelen-Heil stehen. Wir Priester sind nicht in erster Linie Brückenbauer der Menschen untereinander, sondern wir sollten Brücken zwischen Himmel und Erde sein für alle Menschen und »die Macht der Gnade nicht herunterspielen« (Papst Franziskus). Seelen-Eifer muss das Leitmotiv für jede priesterliche Tätigkeit sein. Gerade am Verschwinden des Ausdrucks Seelsorge und an den neuen Wortschöpfungen lässt sich eine Horizontalisierung priesterlichen Handelns ausmachen. Wir haben noch nie so viel von Pastoralplänen und

Pastoraleinsätzen, Pastoralassistenten und Pastoralreferenten (es fehlen nur noch der Pastoralrat und Pastoraldirektor) gesprochen und so wenig von Seelsorge. Seelsorge ist ein Begriff, der unbedingt wieder ins Bewusstsein gehoben werden muss.

Viele Priester verstehen sich heute in erster Linie als Moderatoren. Ein Geistlicher sollte zwar auch über Moderationsfähigkeiten verfügen, aber er ist kein Günther Jauch für die Seele. Schon seine Lebensweise spricht für sich. Die Frage nach dem priesterlichen Lebensstil stellt sich für jedes Land und jeden Kulturkreis anders. Priester, die stolz darauf sind, ihren Haushalt selbst zu führen, können sehr schnell zum Single werden. Von einem gewissen Lebensalter an besteht dann die Gefahr der sozialen Verwahrlosung. Zeugnis legen Priester auch ab, wenn sie in der gesellschaftlichen Konversation einen katholischen Standpunkt souverän, deutlich, wenn möglich mit Humor vertreten. Vor allen Dingen ist es ihre Sache, in Gesellschaft gegen Gotteslästerungen und »Herrenwitze« sofort einzuschreiten. Das Problem dieser perversen Humorgestaltung beruht ja gerade im Fehlen von »Herren« und »Witz«. Es handelt sich um (»Alt-«)Männerzoten. Es gibt durchaus ein sinnvolles »dinner-table-Apostolat«, zum Beispiel auch – um außer den »Herrenwitzen« noch ein anderes Beispiel zu bringen –, wenn ein Priester jemanden in flagranti bei übler Nachrede erwischt. Vor allen Dingen sollten Geistliche immer und geradezu mit Penetranz darauf hinweisen, wie wichtig das Sakrament der Beichte ist.

Alles in allem ist es für Priester nicht unbedingt erstrebenswert, als »Mann der Mitte« zu gelten. Jesus ist am Kreuz gestorben, weil er die Menschen vor den Kopf gestoßen hat. Buchstäblich in der Mitte war Jesus am Kreuz – zwischen zwei

Verbrechern. Jeder hält sich heute für die Mitte oder meint, wo er stünde, sei die Mitte. Dennoch muss es anders lauten. Wahr ist: Wo wir sind, ist vorne. Es gibt nur ein Näher-bei-Gott oder ein Weiter-weg-von-Gott und nicht eine Mitte zu Gott. Der französische Dominikaner Réginald Garrigou-Lagrange hat den Unterschied zwischen Mitte und Mittelmäßigkeit auf den Punkt gebracht: Während die rechte Mitte »ein über die entgegengesetzten Fehler aufragender Gipfel ist«[68], schwanke die Mittelmäßigkeit zwischen Gut und Böse: »Mit ihr begnügt sich die Lauheit; diese will immer geschont sein; darum redet sie von Maßhalten.«[69] Beide voneinander zu unterscheiden ist eine Frage der Klugheit. Pater Garrigou-Langrange weist zu Recht auf die Eigengesetzlichkeit des geistlichen Lebens hin: »Dabei vergisst man, das man auf dem Weg zu Gott zurückgeht, wenn man nicht vorwärtsgeht; nicht hinaufsteigen heißt hinabsteigen; denn das Gesetz des Wanderers heißt: steigen, vorwärtsgehen und nicht unterwegs schlafen!«[70]

Je weiter sich ein Mensch von Gott entfernt hat, desto größere Anstrengungen soll der Priester unternehmen, um ihm Gott näherzubringen. Und hier sind durchaus auch Moderatoren gefragt. Das Glaubenszeugnis eines Moderators oder eines Stars der Show-Branche wirkt häufig überzeugender als ein professionelles Glaubensstatement eines Pastoralfunktionärs.

Das Gleiche gilt für Intellektuelle. Sie können auch ein wirksames Beispiel für zeitgemäße Verkündigung sein. Gilbert Keith Chesterton etwa hat sich seinen Glauben buchstäblich erschrieben. Sein Weg zum Katholizismus ist ein überzeugendes, intellektuelles Großereignis. Er hat das Paradoxon des Christentums sehr genau erfasst, als er die Legende und die Dogmen verteidigte und in seinem Werk *Orthodoxie* seine kritische Zeitgenossenschaft unter Beweis stellte. Vom katholischen Standpunkt aus nahm er seine Zeit genau unter die Lupe und stellte sich den geistigen Schlachten, etwa im Rededuell mit George Bernard Shaw. Es mag provokant klingen, aber Gilbert Keith Chesterton ist in vieler Hinsicht wohl einer der bedeutendsten Theologen des 20. Jahrhunderts. Er war ein brillanter Intellektueller, der in einem extrem antikatholischen Umfeld auf Augenhöhe mit den intellektuellen Kirchenkritikern seiner Zeit argumentieren konnte. George Bernard Shaw sah in Chesterton seinen Hauptgegner. Besiegen konnte er ihn jedoch nie. Chestertons theologisches Genie kommt in seinen beiden Büchern über Thomas von Aquin und Franz von Assisi deutlich zum Ausdruck. Der hervorragende Thomaskenner Étienne Gilson hat die Thomasbiografie Chestertons bewundert.[71] Chesterton war ein wirklich katholischer Intellektueller, der nicht an der Oberfläche blieb, sondern zu den katholischen Quellen vorstieß. Er hat das Paradoxon der Moderne mit dem Paradoxon des Christentums in einen Dialog gebracht, der theologisch höchst spannend ist und auch heute nichts von seiner Aktualität verloren hat. Es ist kein Zufall, dass gerade Hans Magnus Enzensbergers *Die andere Bibliothek* und nicht ein katholischer Verlag ein Werk wie *Orthodoxie – Eine Handreichung für die Ungläubigen* neu herausgebracht hat. Chesterton ist »die andere Bibliothek« – auch in der Theologie.

In der modernen säkularen Literatur stößt der Leser immer wieder auf die Frage, wie Christen heute den Unglauben der anderen überleben können. Arnold Stadler hat die Romanfigur *Salvatore* geschaffen – einen ehemaligen Theologiestudenten, der aus der Kirche ausgetreten ist und es längst aufgegeben hat, mit anderen über Gott zu sprechen. »Er wusste, dass unter Theologen praktisch nichts peinlicher war als Gott, zu dem ihnen so viele Bücher eingefallen waren, der ihr Objekt und Lieblingsspielzeug und ihre diesseitige Lebensversicherung war, der Fetttrog, aus dem sie wunderbar lebten, und wäre ausgelacht worden, hätte er über Gott reden wollen.«[72] Viele Priester sind solchen Professoren im Lauf ihrer Ausbildung begegnet, ohne sich anstecken zu lassen. Auch die schwierigen und falschen Brüder gehören zur Kirche. Zu deren Schutzengel zu beten und vielleicht auch ein tägliches Gebet zum heiligen Thomas von Aquin ist ein guter Anfang für jeden, dem der Unglaube in Universitäten, Akademien, Gremien, Dialogprozessen und auf Lehrstühlen begegnet.

Die marianische Dimension gehört unbedingt zum Priesterleben. Maria ist die Mutter und Königin der Priester.

BENEDICTUS STATT BLUES

Tosende Winde, klirrende Kälte und lebensgefährliche Sturmtiefs – die Nonstop-Weltumseglung »Vendée Globe« löst bei ihren Anhängern einen nahezu religiös anmutenden Eifer aus. Auch die Leiden der Skipper, ihr chronisches Schlafdefizit, ihre Einsamkeit und die körperliche Überanstrengung sind säkularisierte Formen des Martyriums und der Askese. Zu den legendären Helden der Vendée Globe gehört jener Segler, der sich auf der Tour die Zunge abbiss und unter telefonischer Anweisung des Mannschaftsarztes selbst wieder annähte. Hohe Blutverluste inklusive. *Pars pro toto* stehen die Geschichten der Vendée-Globe-Skipper für die Akzeptanz des Sports als Religionsersatz. Zehntausende harren bei Frost und Hitze auf Pisten und Sportplätzen aus, um die weltlichen Andachtsformen der Gegenwart nicht zu verpassen. Selbstverständlich opfern sie dafür Zeit und Geld. Da bleibt unverständlich, dass in der Debatte um die Sonntagsmesse heute Argumente vorgebracht werden, die auch von einem Verein für die bayerische Wirtshauskultur stammen könnten. Die Eucharistie ist eben nicht wegen der Erhaltung und Pflege der Dorfgemeinschaft gestiftet worden. Die Menschen haben heute wesentlich mehr Freizeit als früher. Diese Freizeit wird aber häufig ebenso total verplant wie das Berufsleben. Es kommt zu einem Freizeitstress. Für alle Sportarten und jeden Verein hat man Zeit und nimmt auch Fahrwege in Kauf. Für die Sonntagsmesse gilt das größtenteils nicht.

Natürlich kann die Kirche von den Menschen Einsatz und Bewegung für die Sonntagsmesse verlangen. Im Freizeitverhalten sind Mobilität und Opferbereitschaft längst selbstverständlich geworden. Daher sollten religiöse Pflichten nicht in einer Kuschelecke positioniert und damit entschärft werden. Katholischsein bedeutet jedenfalls nicht, ein »couch potato« – im Vergleich zum passionierten Hobby-Kicker oder Freizeit-Musiker – zu sein.

Trägheit ist schon mit Blick auf die Statistik der Kirchgänger nicht angesagt. Bei einem klaren Verkündigungsprofil muss die Zahl der Messbesucher nicht zurückgehen. »Wischiwaschi« und »die Seele baumeln lassen« macht die Sonntagsmesse nicht attraktiver. Jugendgottesdienste, die als Fortsetzung des Diskoabends vom Samstag inszeniert werden, noch weniger. So mancher Jugendliche, der am Wochenende »einen draufgemacht« hat, dürfte sonntags im Jugendgottesdienst mitunter Mühe haben, zu bemerken, dass er einen Lokalwechsel hinter sich hat. Darüber hinaus stellt sich die Frage: Wann erfährt der normale Katholik im schulischen Religionsunterricht, in der Erstkommunionvorbereitung oder überhaupt in seinem Leben, dass es ein Kirchengebot gibt, das ihn jeden Sonntag zum Messbesuch verpflichtet? Warum gibt es keine flächendeckende Werbekampagne für die Sonntagsmesse? Alles Mögliche wird im Fernsehen, im Internet und in Bahnhöfen bundesweit und hochprofessionell beworben, aber nicht das Zentrum der katholischen Glaubenspraxis. Dieses Gebot wird heute vielfach nicht mehr als verbindliches Gebot vermittelt. Die Sonntagsmesse zu versäumen ist für Katholiken jedoch eine Sünde. Es könnte sogar eine sehr schwere Sünde sein, weil bei einer normalen Wochenendplanung ein Kirchgang jederzeit möglich ist, während viele andere Sünden auch vom Triebleben und von äußeren Einflüssen abhängen, sodass die freie Entscheidung, die zur Sünde gehört, eingeschränkt ist. Beim Kirchgang dürfte das wohl eher selten der Fall sein.

Im 21. Jahrhundert nährt sowohl die Inbrunst, die Menschen im modernen Freizeitgeschäft an den Tag legen, als auch die Bandbreite der religiösen Sinnsucher grundsätzliche Zweifel an der These vom religiös unmusikalischen Zeitgenossen. Der Ausdruck »religiös unmusikalisch« geht auf den Sozialwissenschaftler Max Weber (1864–1920) zurück. Er selbst hat sich auch so beschrieben. Ich glaube nicht an seine These. Religiöse Unmusikalität gibt es nicht, denn das würde dem universellen Heilswillen Gottes widersprechen. Jeder Mensch ist religiös ansprechbar. Man muss nur genau den Punkt finden, an dem man ansetzen kann.

Die säkularisierte Gesellschaft ist ein Widerspruch in sich selbst. Sie wird nämlich nur durch die Negation von Religion zusammengehalten. Viele spüren, dass den Menschen ohne Religion etwas fehlt. Manager und Sinnsucher füllen die Gästehäuser der Klöster, auch wenn sie angeblich mit der katholischen Kirche nichts anzufangen wissen. Dass Karriere und Konsum noch nicht alles sein können, ist eine Erkenntnis, die viele hinter Klostermauern auf die Sinnsuche nach dem Mehrwert im Leben treibt. »Benedictus statt Blues« ist angesagt. Wir erleben heute eine Renaissance der Religion. Der moderne Mensch ist sehr wohl auf der Suche. Häufig bastelt er sich eine Patchworkreligiosität – nicht zuletzt, weil der eigentliche Verkündigungsauftrag der Kirche in deren Pastoralstrategien, Dialogprozessen und Konsenspapieren zu ersticken droht. Die Sorge um die Seele darf nicht durch Dialogprozesse und Anpassung an die Welt ersetzt werden, die auch Nichtgläubige kritisch sehen. Appeasement-Theologie und -Pastoral überzeugen nämlich niemanden.

Selbst Gerichtsurteile gegen das Kruzifix sind kein Grund, in Panik zu geraten. Wirklich beschämend ist vielmehr, dass mancher, der gegen das Kruzifix klagt, die Botschaft des Kreuzes klarer erkennt als diejenigen, die es lediglich als kulturelles Symbol verstehen. Viele Verteidiger des Kruzifixes in den öffentlichen Räumen argumentieren mit einer verquasten postmodernen Kulturideologie und leugnen dabei die eigentliche Provokation des Kreuzes. Dass Menschen Anstoß nehmen an christlichen Symbolen heißt: Sie haben die Botschaft verstanden, auch wenn sie dagegen sind. Das ist eine Chance und auch ein Fortschritt. Das Schlimmste, was uns passieren könnte, wäre, in einem Meer der Gleichgültigkeit zu versinken. Aus glühender Asche kann man noch Funken schlagen. Wo aber auch die Asche weg ist, geht meist nichts mehr. Christen dürfen nicht die Augen vor der Gefahr verschließen, dass Menschen bei der religiösen Sinnsuche auf radikale religiöse Instantlösungen zurückgreifen, wie sie etwa in bestimmten Spielarten des Zen-Buddhismus oder auch in fundamentalistischen und islamistischen Sekten zu finden sind.

Auch der militant-aggressive Atheismus wächst und darf die Christen nicht kaltlassen. Solche Kräfte hat es allerdings immer gegeben. Mit ihnen in der richtigen Weise umzugehen, gehört zum »normalen Geschäft« der Seelsorge. Auch Mitglieder der Giordano-Bruno-Stiftung sind von Gott zum Heil berufen. Wir müssen es ihnen jedoch klar und deutlich sagen. Rémi Bragues These, dass der Atheismus trotz der Säkularisierung der Gesellschaften gescheitert sei, verdient es, diskutiert zu werden – gerade mit Zeitgenossen, die meinen, den Glauben an Gott nicht nötig zu haben. Psychische Selbstentblößung, der buchstäbliche Seelenstriptease, sorgt im Fernsehen, in Talkshows und TV-Serien für steigende Quoten. Viel wichtiger wäre es, die Quoten für die Beichte zu heben, indem man viel deutlicher und konsequenter auf dieses Sakrament hinweist, das den Weg auch zu einer psychischen Gesundheit aufzeigen kann.

Und auch die Pascal'sche Wette eignet sich noch heute für heilige Experimente. Wer in seinem Leben auf die Existenz Gottes und den Glauben setzt und lebt, als ob es Gott gäbe, der gewinnt alles, kann aber nichts verlieren. Darum besitzt Blaise Pascals Wette im 21. Jahrhundert genauso viel Überzeugungskraft wie zu ihrer Zeit. Sie enthält zwar kein Argument, das mit unfehlbarer Sicherheit jeden zum Glauben bringt, aber einen von vielen möglichen, sehr prägnant formulierten Ansätzen. Man darf Pascal durchaus kritisch sehen: Seine Briefe, seine Polemik gegen die Jesuiten und seine Stellungnahme für den Jansenismus machen ihn nicht besonders sympathisch. Doch seine Wette war ein zeitlos aktueller und genialer Wurf und toppt jeden Zeitgeistblues.

Der Zeitgeistblues beutelt die westliche Gesellschaft spätestens seit der Wirtschaftskrise. Die maroden Finanzen haben auch die Moral wieder in die Schlagzeilen katapultiert. Man kann die Wirtschaftskrise als Folge eines moralischen Werteverfalls betrachten. Wer nicht an Gott glaubt und an die Zehn

Gebote, glaubt allzu leicht an Börsenindizes. Es gibt dann überhaupt keinen Grund, warum man mit dem Geld anderer Menschen nicht wild zocken sollte, um eine Gewinnmaximierung zu erreichen. Jeder ungläubige Banker, der in seinem Geschäftsgebaren anständig bleibt, verdient Hochachtung. Allerdings dürften diese Fälle relativ selten sein.

Angesichts der Glaubens- und Wertekrise gibt es natürlich die als Tugend verkleidete Versuchung, einfach in Geduld abzuwarten. Abwarten darf nicht heißen »Warten auf Godot«. Abwarten hat nur einen Sinn, wenn der Wartende genau weiß, was er zu erwarten hat und was er selbst einbringen kann und will. Es nützt nichts, abzuwarten, um zu schauen, wie der Glaube an die Umstände angepasst werden könnte. Christen sollen hinschauen: Wann kann ich mit der Botschaft, die ich anzubieten habe, optimal landen? Wer Missstände anprangert, gerät zwar leicht in den Geruch eines pessimistischen Nörglers und Unheilspropheten. Eine legitime christliche Geduld bedeutet jedoch nicht, im Namen der Tugend der Hoffnung und des langen Atems die Schattenseiten einer Entwicklung oder eine ungünstige Prognose auszublenden. Gesunde Skepsis ist auch bei jedem gesellschaftlichen Rating angebracht. Welche Wirklichkeit bildet etwa eine Liste der 500 wichtigsten Intellektuellen in Deutschland überhaupt ab? Diese Zweifel dürften von immer mehr Menschen geteilt werden. Die Frage lautet daher: Was soll ein Katholik eigentlich auf einer Bestenliste, die von Günter Grass angeführt wird?

Auch wenn es Querulanten gibt, die mit einem Paragrafen im Kopf oder einer Nummer aus Denzingers Kompendium der Lehramtsdokumente und kirchlichen Lehrentscheidungen zum großen Rundumschlag ansetzen, gilt grundsätzlich:

Es hat einen Fortschrittsoptimismus gegeben, der in der Gesellschaft längst passé ist, aber in der Kirche unter ergrauten Häuptern nach wie vor merkwürdige Blüten treibt. Die Unterscheidung der Geister ist die legitime christliche Haltung bei allen Phänomenen. Häufig tarnen sich unter dem Vorwand christlicher Hoffnung passive Distanz zum Weltgeschehen und bewusst oder auch unbewusst schlichtweg Feigheit. Voraussetzung einer glaubwürdigen christlichen Hoffnung ist eine tief schürfende und schonungslose Analyse der Gegenwart. Vernünftige Christen machen sich keine Illusionen. Hoffen heißt nach Paulus, wie Abraham gegen alle Hoffnung voll Hoffnung glauben (Röm 4,18). Hoffnung ist nicht zu verwechseln mit einer unter Umständen auch noch medikamentös induzierten High-Mentalität; Hoffnung hat nichts mit Zwangseuphorie zu tun. Fortschrittsoptimismus ist genauso absurd wie die Schwärmerei von der vergangenen guten alten Zeit. Die Skepsis Jesu, ob der Menschensohn bei seiner Wiederkehr auf der Erde noch Glauben findet, sollte uns alle nachdenklich stimmen, vor allem in der gegenwärtigen politischen Lage: Nordafrika, Kleinasien, Syrien, Anatolien waren einmal Zentren des christlichen Glaubens. Heute ist dort kaum noch eine Spur davon vorhanden. Die Kirche wird bis ans Ende der Tage bestehen. Das ist aber keine Garantie ihrer quantitativen und geografischen Ausdehnung.

Resignation und Müdigkeit verleiden es vielen Christen derzeit, sich in Gesellschaft und Politik zu engagieren. Jahrelang schien es für gute Katholiken am Wahltag keine echte Alternative zu den Unionsparteien zu geben. Heute gehen viele praktizierende Gläubige überhaupt nicht mehr zur Wahl, weil sich ihnen, beim Gedanken an die Parteiprogramme und deren Aussagen zum Lebensschutz und zur Familienpolitik, die Haare sträuben. In einer Demokratie gibt es aber meiner Meinung nach für Katholiken eine Verpflichtung, zur Wahl zu gehen. Wahlen fernzubleiben halte ich für eine Sünde. Wer meint, keinem Kandidaten guten Gewissens seine Stimme geben zu können, kann beispielsweise einen ungültigen Stimmzettel abgeben. Wenn bei einer Bundestagswahl fünf Prozent ungültige Stimmzettel in den Urnen landeten, gäbe es ein politisches Erdbeben. Wer am Wahltag wegbleibt, spielt dagegen den professionellen Schönrednern in die Hände. Mit einfachen Erklärungsmustern wie dem schönen oder dem schlechten Wetter oder auch der Urlaubszeit stellen sie Nichtwähler als desinteressiert statt als frustriert dar. Dagegen hilft nur der Gang ins Wahllokal. Mit einem ungültigen Stimmzettel kann man seinen Frust richtig artikulieren. Die neue Forsa-Studie im Auftrag der Sendergruppe ProSiebenSat.1 hat das überraschende Ergebnis: »Nichtwähler sehen sich nicht als Dauerverweigerer, sondern eher als Wähler auf Urlaub.« Der »Spiegel« informiert, dass diese Umfrage eine wachsende Entfremdung zwischen der Politik und den Bürgern feststellt. Die große Mehrheit der Nichtwähler finde die Sprache der Politiker unverständlich. »Der Frust über den Politikbetrieb frisst sich offenbar immer tiefer in die Gesellschaft. In höherem Maße als die Wähler verorten sich die Nichtwähler selbst in der politischen Mitte.«[73] Was hier der »Spiegel« über die Forsa-Studie berichtet, lässt sich fast wörtlich auch auf die innerkirchliche Situation anwenden, ebenso wie die Folgerungen, die gezogen werden. Die Autoren der Studien »empfehlen den Volksvertretern vor allem eine ›verständlichere Sprache‹ – und weniger Beamte in der Politik«[74].

An dieser Studie wird deutlich, von welcher Seite der Demokratie die wirkliche Gefahr droht. Wenn beispielsweise bei der Landtagswahl in Niedersachsen im Januar 2013 die Nichtwähler 40,6 Prozent aller Wahlberechtigten ausmachen, also fast so viel wie CDU und SPD zusammen, dann ist dies ein Demokratiedefizit, wie gerade der CSU-Ehrenvorsitzende und ProSiebenSat.1-Beirat Edmund Stoiber beklagt hat.[75]

Das Demokratiedefizit weist ähnliche Grunddaten auf wie die Situation der Kirche: die wachsende Entkoppelung vom Volk, wachsende Entfremdung – gerade bei den Jüngeren. Dazu komme dann noch eine Sprache, die viele schlicht nicht verstünden, so Stoiber[76], wobei ergänzt werden kann, dass diese Sprache abgehangen, ausgewogen und langweilig ist. Hier liegen die Probleme, die man nicht schönreden sollte. So wie es dem »Spiegel« zufolge in der Politik geschieht, »manche Wahlforscher reden umgekehrt von schweigsamer Zustimmung«[77]. Stoiber empfiehlt nun – als besonders jugendnah – eine von Stefan Raab moderierte Talkrunde zwischen Angela Merkel und Peer Steinbrück. Der Spiegel spricht hier von einer »Klamaukisierung«[78] der Politik.

Genau das erleben wir in der Kirche, eine Klamaukisierung der Liturgie und des öffentlichen Diskurses.

Ein prächtiges Beispiel dafür ist die Werbung für das neue Internetportal: katholisch.de, katholische Kirche in Deutschland. Da wirbt unter der Überschrift »Kirche neu erleben« auf einen Klick, www.katholisch.de eine junge, gut aussehende Dame, barfuß im knie- und schulterfreien Kleid mit Laptop auf einer Wolke sitzend, dafür, dass man Kirche neu erleben sollte. Die Peinlichkeit und Lächerlichkeit einer verbürgerlichten kirchlichen Bürokratie kommt in dieser Werbeaktion wunderschön zur Geltung. So fragt »Bild«[79] sehr zu Recht: »Was hat sich die katholische Kirche bei dieser Werbung gedacht?« Eine 33-jährige Sprecherin dieser Initiative wird in »Bild« zitiert: »Das Bild steht für den himmlischen Umgang mit neuen Medien. Unsere Zielgruppe sind nicht nur Traditionskatholiken, sondern auch religiös interessierte junge Menschen auf der Suche nach Orientierung.«

Mit einer jungen Frau auf Wolke Sieben mit Laptop Jugendliche ansprechen zu wollen, ist schlichtweg naiv, aber die Geschichte geht noch weiter. Das Bild wurde gar nicht von der Kirche selbst in Auftrag gegeben, sondern die leitenden Funktionäre haben dieses Bild von einer Bildagentur gekauft. So kommt es, dass dieses Motiv für mehrere Produkte wirbt, unter anderem wirbt diese »Wolkenfrau« auch für die Chat-Flirt-Plattform »Secret City« und Ähnliches. Hier demaskiert die Bild-Zeitung sehr präzise eine total verunglückte kirchliche Werbemaßnahme. Tatsächlich haben manche betont progressiven Pastoralmethoden etwas rührend Infantil-Biedermeierisches an sich. Moderne Pastoral wird zur Flirt-Plattform mit dem Zeitgeist. An dieser Werbekampagne für katholisch.de wird die ganze Misere einer Pastoralbürokratie, die längst den Kontakt zur Außenwelt verloren hat, deutlich. Diesen Eindruck legt auch ein Beitrag wie »Glücksbringer zum neuen Jahr« auf www.katholisch.de nahe[80]: Schweinchen, Kleeblatt, Fliegenpilz, Centstück, Hufeisen oder Schornsteinfeger tauchen als Thema für Kinder auf: Doch wozu sollten Kinder eigentlich erfahren, dass das Hufeisen immer mit der Öffnung nach oben aufgehängt werden sollte, damit das Glück hineinfallen kann? Und wer will wirklich wissen, ob die Farbe Rot Dämonen und Hexen abwehren soll?

Vielleicht sollten Pastoralbürokraten mehr »Bild« und »Spiegel« lesen, statt hochbezahlte Sinus-Studien in Auftrag zu geben, wo ganze hundert Personen aufwendigst befragt wurden. Als Ergebnis kamen natürlich die üblichen reformnostalgischen Oldies aus dem 18. Jahrhundert heraus! Diese Studie wurde auch von kirchlichen Einrichtungen finanziert, die nicht nur mit Kirchensteuermitteln, sondern auch mit Spendengeldern arbeiten. Mit der Sinus-Studie und dem Internet-Portal katholisch.de kann man jedenfalls Kirche nicht neu erleben, sondern nur die Bestätigung für eine spießbürgerliche Ignoranz der gesellschaftlichen Realitäten.

Was den Lebensschutz und die Familienpolitik angeht, fehlt es zwar nicht an kirchlichen Stellungnahmen, wohl aber an einer publikumswirksamen Deutlichkeit dieser Position. Und wenn einzelne Theologen und Bischöfe die Position der Kirche in diesen Fragen einmal publikumswirksam und drastisch zugespitzt formulieren, dann hagelt es hämische Kritik und nur mühsam verbrämte Distanzierung vonseiten der Amtsbrüder, um von den ökumenischen Gesprächspartnern ganz zu schweigen. Hier gibt es ein innerkirchliches Verkündigungsdefizit und ein gravierendes ökumenisches Problem. In den Vereinigten Staaten von Amerika ist die katholische Kirche in diesem Punkt viel weiter. Wir haben in Deutschland eine andere Protestkultur als die Franzosen oder die Amerikaner. Es mag daran liegen, dass besonders den deutschen Katholiken das öffentlichkeitswirksame Bekenntnis vergällt wird, zumindest wird dazu nicht ausdrücklich ermutigt.

Beim ökumenischen Dialog ist zu differenzieren. In der Tat sind die bioethischen Bruchlinien ein äußerst bedenkliches

Faktum. In puncto Abtreibung, Sterbehilfe und der embryonalen Stammzellforschung ziehen Katholiken und die evangelischen Glaubensgemeinschaften in Deutschland nicht an einem Strang. Auf der anderen Seite haben Katholiken aber seriöse Ansprechpartner in vielen evangelischen Freikirchen sowie in evangelikalen und pietistischen Kreisen und wohl auch bei »hochkirchlichen« Lutheranern. Mit ihnen ist ein intensiver Dialog sinnvoll. Neben pietistischen und hochkirchlichen Christen wirken manche politischen Äußerungen der Luther-Botschafterin Margot Käßmann wie eine Sequenz aus einem Rosamunde-Pilcher-Film.

Natürlich ist es heute äußerst schwer, Positionen der katholischen Kirche dezidiert zu vertreten und dafür in Parteigremien eine Mehrheit zu finden – das gilt vor allem für die Listenaufstellung vor Wahlen. Wenn Politiker von Werten reden, meinen sie meistens Börsenwerte und von der Moral ist nur noch die Steuer-Moral übriggeblieben. Ein Wertebewusstsein ist oft nur noch rhetorisch vorhanden. Zur Demokratie gehört zwar die Kunst des Möglichen, aber sie funktioniert natürlich nur, wenn ein Politiker auch ein persönliches Wertesystem mitbringt. In puncto Lebensschutz und Familienpolitik scheinen die Christen in der Politik mit dem Rücken zur Wand zu stehen. Gerade beim Lebensschutz und beim Familienbild geht es ja nicht um irgendwelche taktischen Beliebigkeiten, sondern um »Essentials« des Glaubens, des Naturrechts und der kirchlichen Lehre. Da ist der Kampf notwendig, unabhängig von allen Misserfolgen. Hier gibt es keine Alternativen zum eindeutigen Bekenntnis.

Persönliche Anfeindungen sagen auch nichts über die Mehrheitsfähigkeit des Katholizismus in einer Demokratie aus. Im 19. Jahrhundert weihte ein demokratisch gewählter Präsident Ecuador dem Herzen Jesu. Gabriel García Moreno (1821–1875) wurde später von antikirchlichen Kreisen erschossen. Katholische Positionen sind jedoch in Demokratien diskursfähig geblieben – aufgrund der katholischen Anthropologie sogar für Nichtkatholiken. Die katholische Anthropologie hat eine realistische Sicht des Menschen, die in dieser Form in der Religionsgeschichte einzigartig ist. Sie sieht den Menschen nicht in erster Linie als »Mängelwesen« (wie Arnold Gehlen), sondern auch als Ebenbild Gottes. Das verbindet.

Dass der politische Konservatismus in der deutschen Parteienlandschaft heute keine echte Heimat mehr hat, ist ein unumstößliches Faktum – genauso wie die Tatsache, dass die Parteien in vielen Fragen nicht mehr unterscheidbar sind. Das liegt auch an der Problemlage und am Realitätsdruck. Es ist eigentlich ein Fortschritt, der etwa in der Wirtschaftspolitik erkannt wurde: Es gibt keine Patentrezepte aus dem rechten oder linken Lager. Der wirtschaftliche und der ideologische Liberalismus sind gründlich diskreditiert. Das geht so weit, dass manche Deutschland als ein durch und durch antiliberales Land betrachten. In der Umarmung des scheinbar so fürsorglichen Staates droht den Bürgern schier die Luft auszugehen. Von der Lufthoheit über die Kinderbetten bis zum Rauchverbot in öffentlichen Räumen wird der Bürger überbetreut, Gesellschaft wird zur »Therapie-Gesellschaft«. Fürsorge wird zur Wohlfahrtsdiktatur, wenn zum Beispiel Familien ein Betreuungsgeld erhalten, das sich der Staat auch durch ihre Steuern finanzieren lässt, statt den Eltern durch Steuersenkungen mehr Wahlfreiheit zuzutrauen. Wer mit der »wohlmeinenden Kleptokratie« (Peter Sloterdijk) hoch verschuldeter moderner Staaten ein Problem hat, braucht sich aber nicht mehr ernsthaft zu prüfen, ob ihn nicht etwa die in sozialdemokratischen Kreisen neuerdings wieder zitierfähigen »Neidgefühle kleiner Leute« (Helmut Schmidt) heimgesucht haben. Tatsächlich ist der kapitalistische entfesselte Marktliberalismus und Materialismus der größte Gegner aller Religionen. Hier sind alle Religionen zum Zeugnis aufgerufen. Eine tragische, bittere Ironie wird deutlich: Der Wohlfahrtsstaat mit seinen kleinlichen Vorschriften, der den Menschen zu seinem Glück zwingen will, wird hochgejubelt, während die Kirche mit ihren Geboten und Verboten als Institution von vorgestern dargestellt wird. Dabei sind die Verordnungen und Anordnungen der Kirche für das Leben des Einzelnen längst nicht so gravierend wie die staatliche »Fürsorge«.

Auch hier zeigt die Kirche den feinen sozialen Unterschied: Zwei Benediktinermönche, Dom Pierre Pérignon (1638–1715) und sein Mitbruder Dom Thierry Ruinart (1675–1709) haben den Champagner erfunden, während der »Summus Episcopus«, der oberste Bischof seiner Landeskirchen, Kaiser Wilhelm II. den Deutschen die Sektsteuer beschert hat. Die Schuldenkrise ist eine Chance für die Kirche, deutlich ihr Profil zu zeigen. Eigentlich könnte sie eine Sternstunde der katholischen Soziallehre sein. Dass die katholische Soziallehre in gesellschaftspolitischen Foren nicht häufiger thematisiert wird, mag auch an den besonderen Rahmenbedingungen des Dialogs zwischen Kirche und Staat hierzulande liegen. Das Staat-Kirche-Verhältnis in Deutschland ist gut eingespielt und nützt allen Beteiligten. Es nützt auch der kirchlichen Bürokratie, ja, sie lebt sogar davon. Wir haben hier also eine klassische Win-win-Situation. Sie passt zur bundesrepublikanischen Mentalität. Für Politiker ist das Staat-Kirche-Verhältnis ähnlich wie das Verhältnis zum öffentlich-rechtlichen Fernsehen. Man sitzt mit in den Gremien, rückt dafür Kohle raus und auf der anderen Seite bekommt man dafür auch ein Forum. Bei jedem Katholikentag werden Politiker aller Couleur eingeladen und ausgiebig gefeiert. Man befördert sie schon während ihrer aktiven Dienstzeit in Gremien, Räte und betraut sie darin mit bedeutenden Funktionen, die alle mit einem schönen (teuren) Apparat verbunden sind. Dafür darf man Verständnis haben. Aber gut muss man es deswegen noch lange nicht finden.

Das katholische Lebensgefühl ist menschenfreundlich: Der Champagner wurde im Benediktinerkloster erfunden. Von einem protestantischen Staatschef kam die Sektsteuer.

NACHWORT
ENTWELTLICHUNG UND WIDERSTAND

Wenn Sie das vorliegende Buch bis zu dieser Stelle tatsächlich gelesen haben, haben Sie schon einen wichtigen Beitrag zur Entweltlichung geleistet.

Über das Jahr des Glaubens hinaus, bleibt »Entweltlichung« die große Aufgabe und Herausforderung an die Kirche und an jeden Einzelnen von uns: »Die Feindseligkeit unter der jeder zu leiden hat, der sich entschließt den Weg Christi unseres Herrn zu gehen, bricht sich in den verschiedenen Arten der Verfolgung Bahn, die wir erleben werden. Der christliche Dienst fegt, wenn er authentisch ist, sämtlichen nostalgischen Vorstellungen von einem idyllischen Hirtenleben zur Seite«, hat Kardinal Jorge Mario Bergoglio noch als Erzbischof von Buenos Aires gesagt.

Gerade der ignatianisch geprägte Papst hat sehr deutlich darauf hingewiesen, dass »die Widersprüche, die es gegeben hat und noch immer gibt, für uns nichts Neues sind; im Gegenteil, unsere andernorts gemachten Erfahrungen lehren uns, dass wir, je mehr wir darauf hoffen, dass Christus unserem Herrn in dieser Stadt besser gedient werde, der Feind, der seinen Dienst immer zu behindern sucht, uns desto mehr Hindernisse in den Weg stellen wird, und zu diesem Zweck bewegt er die einen und die anderen, nämlich dazu, in gutem Glauben, aber schlecht informiert das zu verwerfen, was sie, weil sie es nicht verstehen, für verwerflich halten. Zuweilen gehen solche Schwierigkeiten über ein bloßes ›Hindernis‹ hinaus und wachsen sich zu einer echten Verfolgung aus: Die Verfolgung ist ein Normalzustand im Leben eines Christen; er muss sie mit der Demut des unnützen Dieners leben und darf sie sich nicht als Verdienst anrechnen, denn das wäre vermessen.« (WAMS 14.04.2013) Das Buch ist nichts anderes, als die Entfaltung dieser vom damaligen Kardinal Bergoglio herausgestellten Erfahrung des Widerspruchs. Entweltlichung heißt Mut zum Nonkonformismus. Der Spießer passt sich dem Zeitgeist an und zwar immer, der Christ befindet sich im Widerstand zum Zeitgeist und zwar immer. Der Spießer und auch die verspießerte Kirche kreist um sich selbst, ist »autorreferencial« und passt sich in spiritueller Weltlichkeit (*mundanidad espiritual*) an und wird so zur weltlichen Kirche (*iglesia mundana*), so hat es Kardinal Bergoglio in seiner inzwischen berühmt gewordenen Stellungnahme im Rahmen des Vorkonklaves gesagt. Es geht also um eine Kirche der Offensive, nicht um eine defensive Abschottung durch Anpassung! Die Zeichen der Zeit zu erkennen, bedeutet eben nicht Anpassung an den Zeitgeist, sondern die spirituelle Korrektur dieses Zeitgeistes, bis hin zum Widerstand: da wird Verfolgung durch Zeitgeistfanatiker tatsächlich sehr schnell zum »Normalzustand im Leben eines Christen«!

Dieses Buch ist entstanden aus Gesprächen über Gespräche, vor allen Dingen mit der Kirchenredakteurin der Tagespost, Frau Regina Einig, die einige Interviews mit mir geführt (z.B. »Ein Stück Entweltlichung«, DT 14.02.2012) und auch die Moderation zweier Gespräche, eins mit Martin Mosebach (DT 24.12.2009) und eines mit Lorenz Jäger (DT 23.12.2010), souverän übernommen hat. Ihr sei an dieser Stelle ausdrücklich und herzlich gedankt.

Dem Lektor des Kösel-Verlages, Herrn Uwe Globisch, sei für seine einfühlsame Bearbeitung des Manuskriptes gedankt.

Der Dank gilt aber auch all den Journalisten, mit denen ich in meiner 25jährigen Tätigkeit als Wallfahrtspriester in Maria Vesperbild ins Gespräch kommen durfte. Diese Gespräche haben meinen Horizont erweitert und mich mit den jeweils aktuellen Problemlagen vertraut gemacht, allerdings auch mit den Schwierigkeiten und Mühsalen eines Journalistenalltags. Meine Bewunderung für diesen Berufsstand – trotz vieler inhaltlicher Kritik – ist erheblich gestiegen, so ist es auch kein Zufall, das einer der prominentesten Journalisten Deutschlands, der Chefredakteur der »Bild«, Kai Diekmann, das Vorwort, oder besser den Einstieg zum vorliegenden Buch geschrieben hat. Die Berichterstattung von »Bild« über das Pontifikat Benedikt XVI. war beispielhaft und das wurde von mir in Maria Vesperbild auch deutlich herausgestellt. Wenn in Deutschland alle von der katholischen Kirche finanzierten und abhängigen Publikationsorgane Papst Benedikt XVI. in gleicher Weise unterstützt hätten wie die »Bild«, wäre sicherlich einiges anderes und entschieden besser gelaufen, wäre »Entweltlichung« vielleicht wirklich und konkret geschehen, z.B. in der Redimensionierung aufgeblähter halbklerikaler Strukturen.

So wird gerade an meinem Dank an die Journalisten, die ich kennenlernen und mit denen ich zusammenarbeiten durfte, deutlich, dass Entweltlichung nicht der Abschied aus der Welt, sondern die Evangelisation der Welt bedeutet und das ist nur mit klaren Konturen möglich. Dazu soll das vorliegende Buch ein kleiner Beitrag sein.

Die hier vorgelegten Texte sind »Werkstatt-Texte«, bzw. ein »work in progress« – entstanden aus Gesprächen über Gespräche. Sie sollen zum (gerne auch kontroversen) Gespräch anregen und einladen. Es sind »Fragen mit Ausrufezeichen«. Es sind Texte gegen die Dialogverweigerung eines selbstreferentiellen Akademie-, Gremien- und Rätekatholizismus mit seiner aufgeblähten Pastoralbürokratie. Insofern gehen diese Texte an Grenzen und hinterfragen diese Grenzen. Fragen, die nicht nur im »Jahr des Glaubens« dringend sind.

Wilhelm Imkamp
Maria Vesperbild, Pfingsten 2013

ANMERKUNGEN

1. Vgl. Kranz, Gisbert: Gilbert Keith Chesterton. Prophet mit spitzer Feder, Augsburg 2005, S. 145.
2. Pieper, Josef: Über das problematische Metier des Intellektuellen. (1969) in ders.: Werke in acht Bänden, Bd. 7, Hamburg 2000, S. 175.
3. de Guibert, Joseph: Documenta ecclesiastica christianae perfectionis studium spectantia. Dokumente des Lehramtes zum geistlichen Leben. Lateinisch-Deutsch. Herausgegeben von Stephan Haering und Andreas Wollbold, Freiburg 2012, 637.
4. Ebd., Nr. 590.
5. Ebd., Nr. 590.
6. Cortés, Donoso: Kulturpolitik. Bd. I, Basel 1945, S. 20.
7. de Guibert, Joseph: Documenta ecclesiastica christianae, Nr. 559.
8. www.ekd.de/aktuell/61200.html
9. de Guibert, Joseph: Documenta ecclesiastica christianae, Nr. 1402.
10. »Zu viele Jammer-Theologen«, in: Focus, 01.10.2011, S. 66-68.
11. AFP-Gespräch, 21.12.2012: Prälat Imkamp nennt Reden von »das Gott« dumm und dreist, vgl. auch Bild-Bundesausgabe vom 27.12.2012.
12. Cervantes Saavedra, Miguel de: Gespräch zwischen Cipiòn und Berganza, Hunden des Auferstehungshospitals, Zürich 1989, S. 134ff.
13. zitiert nach: Borrutta, Manuel: Antikatholizismus. Deutschland und Italien im Zeitalter der europäischen Kulturkämpfe, Göttingen 2010, S. 69.
14. Ebd., S. 66.
15. Treitschke, Heinrich von, Deutsche Geschichte im neunzehnten Jahrhundert. 5 Bde., Leipzig 1927, Bd. 4, S. 670.

16. Hastings, Derek: Catholicism & the Roots of Nazism. Religious Identity & National Socialism, Oxford 2011, S. 30.
17. zitiert nach: Finger, Heinz: Rosenkranz und Liturgie. Eröffnungsvortrag zur Ausstellung »Der heilige Rosenkranz« zum Rosenkranzjahr 2003, Diözesanbibliothek Köln (www.dombibliothek-koeln.de/index1.html?/veranstaltung/rosenkranz/rosenkranz_finger_rosenkranzgebet_liturgie.html.
18. Ebd.
19. Nicolai, Friedrich: Beschreibung einer Reise durch Deutschland und die Schweiz im Jahre 1781. Nebst Bemerkungen über die Gelehrsamkeit, Industrie, Religion und Sitten, Bd. 2, Berlin 1783 (Nachdruck: Hildesheim 1994), S. XIV; S. 506, 510.
20. vgl. Anmerkung 13
21. Kiefer, Klaus H. (Hrsg.): Cagliostro. Dokumente zu Aufklärung und Okkultismus, München 1991, S. 612.
22. Ebd., S. 641.
23. frei übersetzt nach Chesterton, Gilbert Keith: »The oracle of the dog« (1923). Siehe www.chesterton.org/discover-chesterton/frequently-asked-questions/cease-to-worship
24. 21/1997
25. Enchiridion delle Encicliche, Edizione bilingue, Vol. I, Bologna 1994, S. 1070–1089, Nr. 711-719.
26. Brandmüller, Walter: Nicht Idealzustand, aber Normalfall. Wie entstehen Christenverfolgungen? Die Geschichte zeigt: Repressalien folgen einer intellektuell-publizistischen Auseinandersetzung nach, in: Die Tagespost 6.7.2010.
27. Cortés, Donoso: Kulturpolitik, S. 75.
28. Geffarth, Renko: Religion und arkane Hierarchie. Der Orden der Gold- und Rosenkreuzer als Geheime Kirche im 18. Jahrhundert, Leiden 2007.
29. Mc Mahon, Darrin M.: Enemies of the Enlightenment. The French Counter – Enlightenment and the Making of Modernity, New York 2001.
30. Imkamp, Wilhelm: Die katholische Theologie in Bayern von der

Jahrhundertwende bis zum Zweiten Weltkrieg, in: Brandmüller, Walter: Handbuch der bayerischen Kirchengeschichte. Bd. III, St. Ottilien 1991, S. 612.

31. Gómez Dávila, Nicolás: Auf verlorenem Posten. Neue Scholien zu einem inbegriffenen Text, Wien 1992, S. 259.
32. Mabillon, Dom Jean: Über das Studium der Mönche. Hg. von Cyrill Schäfer, St. Ottilien, 2008, S. 311.
33. Ebd.
34. de Guibert, Joseph: Documenta ecclesiastica christianae, Nr. 652.
35. Ebd., Nr. 1412
36. Ebd., Nr. 1439
37. Ebd., Nr. 1439
38. www.vatican.va/holy_father/benedikt_xvi/speeches/2009/march/documents/hf_ben-xvi_spe_20090321_incontro-giovani_ge.html
39. www.kirchenkreis-norden.de/go/kknorden/_dbe,events2,_auto_876919.xhtml
40. Mann, Thomas: Buddenbrooks, Frankfurt am Main 2004, S. 400.
41. von Bingen, Hildegard: Briefwechsel. Nach den ältesten Handschriften übersetzt und nach den Quellen erläutert von Adelgundis Führkötter OSB, Salzburg 1965, S. 170.
42. Rahner, Karl: Zur Theologie des geistlichen Lebens. Schriften zur Theologie, Bd. VII. Einsiedeln 1966, S. 22.
43. Rectract. 1.3.2; De spir. et litt. 18.
44. de Guibert, Joseph: Documenta ecclesiastica christianae, Nr. 636.
45. de Guibert, Joseph: Documenta ecclesiastica christianae. Provinzialsynode von Vienne 1858, Nr. 541.
46. Ebd.
47. von Ávila, Teresa: Wohnungen der Inneren Burg. Vollständige Neuübertragung, Freiburg 2005, S. 245.
48. Ep. (125) ad Rusticum, n. 16: PL 22/1082.
49. de Guibert, Joseph: Documenta ecclesiastica christianae, Nr. 539.
50. Zitiert nach: De Fiores, Stefano: Maria. Nuovissimo dizionario. Vol. I, Bologna 2006, S. 445.

51. Görres, Ida Friederike: Im Winter wächst das Brot, Einsiedeln 1970, S. 92.
52. Stern, Karl: Die Flucht vor dem Weibe, Salzburg 1968, S. 198.
53. Ebd.
54. Ebd., S. 209.
55. Görres, Ida Friederike: Im Winter wächst das Brot, Einsiedeln 1970, S. 92.
56. Ebd., S. 93
57. de Guibert, Joseph: Documenta ecclesiastica christianae, Nr. 556.
58. LThK, Bd. 12, Freiburg 1966, S. 341.
59. www.faz.net/aktuell/feuilleton/geisteswissenschaften/gespraech-mit-friedrich-wilhelm-graf-ein-gott-zum-kuscheln-1610609.html
60. von Ávila, Teresa: Weg der Vollkommenheit, Herder spektrum, Freiburg 2003, S. 129.
61. Lorenz, Dagmar: Vom Kloster zur Küche. Die Frau vor und nach der Reform Dr. Martin Luthers, in: Becker-Cantarino, B., Die Frau von der Reformation zur Romantik. Die Situation der Frau vor dem Hintergrund der Literatur- und Sozialgeschichte, Modern German Studies 7, Bonn ^{2}1985, S. 7-35; die Autorin spricht sogar von einem »Maß an Achtung, das für die nachreformatorische Frau nicht seinesgleichen hat«, S. 14.
62. de Guibert, Joseph: Documenta ecclesiastica christianae, Nr. 636.
63. von Ávila, Teresa: Das Buch der Klostergründungen, Freiburg 2007, S. 84.
64. de Guibert, Joseph: Documenta ecclesiastica christianae, Nr. 571.
65. Ebd., Nr. 548.
66. Pieper, Josef: Religionsphilosophische Schriften (Werke VII). Hg. von Berthold Wald, Hamburg 2000, S. 407.
67. Mosebach, Martin: Ruppertshain, München 2004, S. 32.
68. Garrigou-Lagrange, Réginald: Des Christen Weg zu Gott, Bonn 2012, S. 405.
69. Ebd.
70. Ebd.

71. Eckert, Willehad Paul: Das Leben des heiligen Thomas von Aquin. Heilige der ungeteilten Christenheit, Düsseldorf 1963, S. 11, Anm. 7-8 mit einem Hinweis auf Pieper, J., Hinführung zu Thomas von Aquin. Zwölf Vorlesungen, München 1958, S. 18ff.

    Pieper, J., Thomas von Aquin. Leben und Werk, München ^{3}1986, dritte veränderte Auflage, S. 18-19.
72. Stadler, Arnold: Salvatore. Frankfurt/Main 2009, S. 56.
73. Der Spiegel, 7/2013, S. 32/33.
74. Ebd.
75. Ebd.
76. Ebd.
77. Ebd.
78. Ebd.
79. Bild, 9.2.2013
80. eingestellt am 25.09.2012: www.katholisch.de/de/katholisch/themen/kinder_1/silvester_gluecksbringer_artikelseite_1.php